促进学生心理健康的研究与实践

刘敬芳　张家萌　编著◎

中国海洋大学出版社
·青岛·

图书在版编目（CIP）数据

促进学生心理健康的研究与实践 / 刘敬芳,张家萌
编著. -- 青岛:中国海洋大学出版社,2023.10
ISBN 978-7-5670-3668-0

Ⅰ. ①促… Ⅱ. ①刘… ②张… Ⅲ. ①学生心理—心
理健康—健康教育 Ⅳ. ① G444

中国国家版本馆 CIP 数据核字(2023)第 196963 号

出版发行	中国海洋大学出版社			
社　　址	青岛市香港东路 23 号		邮政编码	266071
出 版 人	刘文菁			
网　　址	http://pub.ouc.edu.cn			
电子信箱	Wangjiqing@ouc-press.com			
订购电话	0532-82032573（传真）			
责任编辑	王积庆		电　　话	0532-85902349
装帧设计	青岛汇英栋梁文化传媒有限公司			
印　　制	日照报业印刷有限公司			
版　　次	2023 年 10 月第 1 版			
印　　次	2023 年 10 月第 1 次印刷			
成品尺寸	170 mm × 230 mm			
印　　张	9.75			
字　　数	170 千			
印　　数	1—1000			
定　　价	39.00 元			

发现印装质量问题,请致电 0633-8221365,由印刷厂负责调换。

前　言

　　经济的发展和人民对美好幸福生活的向往,使得心理健康越来越受到大家的重视;2020 年初,青少年习以为常的学习和生活环境因为突发公共卫生事件发生了较大的变化,学习压力、人际交往困难等多重因素的叠加影响,使他们的身心健康、生活和学习境遇面临较大挑战,心理问题不容忽视。面对发展变化快速的社会环境和学校环境,如何通过自身的专业知识,结合不同的授课形式,提升学生的心理健康状况并教授学生自我调节的能力,成了心理老师的关注重点。

　　本书第一部分,围绕青少年的心理健康发展变化特点,对青少年心理健康问题的成因进行了系统解释;讲解了学生常见心理健康问题的测量与识别工具,以 2020 年 3 月学生开始上网课为节点,描述了从新冠肺炎疫情发生到首次返校后的学生心理状况和变化过程;根据学生心理健康状态,提出了以接纳承诺疗法为核心的干预方案;对该干预方案的具体内容进行解释;内容涵盖了除团体辅导外,资深心理老师返校后开展的心理剧、舞蹈社和心理健康教育课程等心理干预措施内容和效果;并对以上心理健康干预方案进行尝试的回顾总结和反思。

　　本书第二部分,以纾解学生学业焦虑,促进学生心理健康为主要内容和目的,以教师“在集体教学中如何通过个别化教学促进青少年学习适应性发展”为抓手,在理论层面展开研究和探讨,揭示个别化教学及学习适应性的理论基础,展示“在集体教学中如何通过个别化教学促进青少年学习适应性发展”的背景及意义、理论依据;介绍学习适应性研究的方法,内容有研究方法综述、小组合作学习课堂教学模式的研究探讨,实施分层次递进教学促进学生学习适应性发展、开展学习方法恳谈会、学习方法手抄报等活动情况;记录实验班和等组对照班的测量结果及相关样本、独立样本的 t 检验;学习适应性测量结果的讨论分析及研究结果:从实验班前后测验的 12 个方面及总量表值,检查个别化教学是否影响学习适应性,从等组对照班和实验班的测验结果,检查个别化教学是否对实验班学习适应性有影响,从实施分层次教学的结果,检查个别化教学是否对实验班学习适应性有影响,从个案分析,检查个别化教学是否对实验班学习适应性有影响;总结通过个别化教学促进学生学习适应性发展的研究结果。

目录 CONTENTS

第一部分

学生常见心理健康问题的干预研究

一 学生常见心理健康问题

（一）咨询中的青少年主要心理问题

学生常见问题和原因

北京师范大学心理热线总结学生的来电内容，从以下角度汇总了青少年常见心理问题和表现形式。常见的焦虑抑郁情绪、愤怒怨恨，躯体化反应；主要围绕家庭冲突、学业焦虑、伙伴关系；中学生数量多于小学生，女生多于男生。在新冠肺炎疫情防控期间，由于正常教学秩序被打破，这些问题更为明显和突出。

焦虑症状主要围绕身体健康、学业和家庭关系。身体健康主要是担心自己和家人的身体，或者担心如何安抚自己患病家人的情绪。学业主要是对上课时间不确定性的焦虑，初三、高三表现最为明显，如担心考试时间、地点是否调整。家庭焦虑则包含着对父母工作前景的担忧，如自己能否按照正常计划完成学业，以及每天和父母在一起家庭矛盾的激化。

抑郁表现可从情绪、认知、生理和行为方面理解。由于习以为常的生活和学习环境发生变化，学生感到生活失控无力，从而产生无助情绪。网课上课时注意力和记忆力下降明显，担心学习效果，产生灾难性想法；部分学生可能暴饮暴食或表现出睡眠障碍、胸闷气短、头疼胃痛等生理表现；社交退缩，无缘无故哭泣或学习兴致低下。

强迫症状主要从行为上进行观察，如频繁洗手。

产生症状的原因和敏感人群分析有如下内容。

人类在本性上具有控制环境、寻求秩序和确定性的需求，初中到高中的青少年正处于人生成长的关键时期，面临着多种相互矛盾的期望和需求，如自身独立人格与家长、老师干预的矛盾、社会交往和娱乐需求与学业压力之间的矛盾、学生的全面发展与时间资源紧张之间的矛盾等。在正常情况下，大部分青少年能够处理好这种矛盾，但如果出现非正常情况或重大意外事件，处理这些矛盾所需要的时间资源和情感资源就会匮乏，如新冠肺炎疫情就是未可预料的非正常事件，所以会导致非正常的症状和表现，是非正常状态下的正常反应。习以为常的生活和学习环境发生变化，生活和学习习惯被打乱，不确定性和不可控性增加，物资的短缺，会让大家产生焦虑感；疫情防控期间，国家调控政策根据形势发展情况不断调整,开学时间不确定,重大考试能否进行都不确定,这带给大家一定焦虑感;线上授课期间,对学生最大的挑战是学习方式和环境的改变,互动有了很大局限性,需要一个适应过程。

家庭关系上,由于全家人生活在小的环境中,大家的行为交叉造成互相影响,注意力也相互影响。同时,由于家长也有实际积压的焦虑和抑郁,这可能影响到孩子,很难帮助孩子识别纾解情绪,家长自身可能会选择回避的方法。如果家长通过要求孩子来转移自己的情绪压力,孩子很难把认知资源放到学习上,反而有了很大的心理负担。长时间相处,亲子关系更容易出现矛盾。

个体上,有些孩子有基础性问题,比如焦虑抑郁、双向情感障碍,新冠肺炎疫情的暴发等某些非正常事件可能使其难以得到及时调节。由于青少年处在发育阶段,情绪调节和逻辑思维能力有限,容易产生灾难化思考,如有学生 QQ 留言给老师求助,"经常做梦,梦境中重复出现自己在深渊中掉落后摔死了,吓醒后一身冷汗……"有些孩子的应对方式缺乏对客观形势的判断,更多内归因成自己的问题,如上网课期间对学习成绩下降进行自责;为了让自己对不确定的环境更有掌控感,花大量时间去玩手机,反而增加了焦虑。自控力和内驱力方面,有些孩子的自控力弱,需要外界明确的指导和限制,这时远程学习使他们面临更大的挑战。

所以,我们需要从现实、家庭和个体的角度综合理解学生症状产生的原因。

学生中有以下几个格外敏感的人群:首先是孩子的家庭有人遭遇影响重大的非正常事件,如发生新冠肺炎疫情这类公共卫生事件时,对于儿童青少年,不建议他们进行单独的隔离,因为这些单独隔离有可能对他们的心理造成创伤。其次,家庭关系复杂,或者有一些原生家庭议题的需要格外注意,如家长的管教方式属于管控型、不管不顾型、虐待型或者家庭结构不稳定型、家庭财务不稳定,孩子很容易感受到生存上的不安全感,如果他们没有安全的保护因素,如没有家人,没有朋友,那在这种情况下,他们可能会更加觉得孤立无援。老师可成为较好的保护因素,给他们更多的支持和关注。再次,存在着基础性心理或者身体疾病的孩子是重点群体,某些非正常事件加剧了情绪强度和生活不便程度。最后,学业困难的孩子也是重点群体,持续长时间的非正常事件,使他们很难融入班级的学习状况和氛围。

老师如何应对学生的心理问题

第一步,是老师自我心态的调整。第二步,在调整好心态后,老师要学会有效识别学生的症状。第三步,要增加学生的保护因素,降低他们的风险因素。

首先是自我心态的调整和自我的照顾。就像我们知道在飞机上如果遇到了颠簸气流或者紧急情况,当氧气面罩掉下来时,我们作为成人第一要做的事是先戴好自己的氧气面罩。只有这样,我们才能够去帮助我们身边更需要帮助的人。所以老师首先要识别自己的心态,并做好自我安抚。

然后是识别学生的症状,可关注以下几个方面。

第一个是情绪——学生是不是一直都以这些消极的情绪为主?这些情绪是不是和现在当下的环境相匹配?如果说现在疫情已经接近尾声了,但是学生好像还是非常的低沉,好像这个低沉难以用当下的事件来理解。这种情况下,我们需要去格外关注。另外,如果学生的情绪有逐渐失控的倾向,我们就更加需要关注了。

第二个是行为——我们需要理解孩子现在的行为表现是不是和他这个年龄段相符,是不是和他发生的事件相符,是不是这个行为表现有明显的增多或者明显的减少,以及他是不是表现出了一些别人难以理解的言行举止,或者他是不是非常易激怒和有攻击性。

第三个是生理——学生是否出现了入睡困难、睡眠质量不高以及早醒、食欲下降?或者出现心悸、乏力、呼吸急促、胸闷、气短?先去做一个器质性的判断,看一看是不是身体真的出现了问题。如果不是身体出现了问题,就要考虑心理方面。

最后是增加学生的保护因素,我们可以从家庭层面,医疗资源帮助和师生层面给予支持。

家庭层面,老师可通过班会,帮助家长学生互相理解,增加依恋。的确家里面有一定的经济困难,或者说他们没有经济困难,但是缺少一些支持性的资源,这时老师可以提供一些这方面的资源、建议和信息渠道。

医疗资源层面,老师可以提供一些社会机构的联系方式或者一些免费的热线电话。

师生层面,可以从重返校园、身体健康和心理因素方面发力。

首先可以做的是重新建立有序的校园生活,让学生的生活变得更加规律,让他们重新开始适应到我们的学校环境当中。积极有力的师生互动对学生的情绪健康也很重要。可以从非常小的举动开始,从一个微笑,从一个点头,从简单地叫出这个学生的名字开始。另外,老师还可以去鼓励积极同伴关系的建立。比如说通过在班里面举行同学之间互相"说出鼓励的话"的活动,或者在班级设置一面生日墙,把当天过生日的同学的名字写上去,并且让同学们都给他唱生日歌,建立积极的同伴关系。同时,对于老师而言,最能够去施力的是帮助学生提升他们的学习能力。老师可以给学生提供一些针对性的反馈,告诉他们应该如何去思考一些解题的方式。通过这样实际的帮助,相信学生的学习能力能够提升,也能够让他们提高自己的自信和自尊。最后,学校还可以组织一些志愿者活动。当学生自己参与到一些有意义的活动当中去时,他们能够感觉到自己的价值,同时也会让自己的焦虑有处安放,让自己的注意力能够集中到一些更有意义的事情上面去。

身心健康方面,老师可以帮助学生去明确自己作息的规律,养成多运动的生活习惯。

在心理因素方面,老师们可以去帮助调整学生们的认知,特别是一些不合理的认知、灾难化想法或者是极端的内归因模式。例如,老师可以通过一定程度的小小的挑战,让孩子们认识到,其实困扰他们的部分只是生活的一个方面,增加孩子的心理弹性。当学生遇到非常严重的心理问题时,老师不需要去承担心理咨询师、心理医生的职责,而是需要能够及时给学生提供一些帮助,提供一些转介的资源,让学生得到更专业的服务。

本节以新冠肺炎疫情防控期间为例,简要清晰地介绍了重大不确定事件的发生,会造成青少年哪些方面的心理问题、产生原因和老师可以入手的关键点。接下来的部分,会从理论和学术的角度对焦虑和抑郁给出更丰富的信息。

(二)心理健康角度问题梳理

焦虑和抑郁

焦虑和抑郁是与处境不相称的痛苦情绪体验。焦虑是指个人对即将来临的、可能会造成的危险或威胁所产生的紧张、不安、忧虑、烦恼等复杂情绪状态,适度焦虑有利于个体调动资源解决问题,过度焦虑则易形成焦虑障碍。抑郁情绪的特点有情绪低落、思维缓慢、语言动作减少或迟缓,严重者有自杀风险[1]。

青少年一般指处于初中和高中阶段的儿童,青少年时期是个体焦虑和抑郁的易感时期。在美国,年龄13到17岁的青少年一生中患焦虑和抑郁的比例分别为32.4%和12.6%[2,3],中国青少年的焦虑检出率为16.4%~26.1%[4-7],抑郁检出率为15.4%~28.4%[4,8]。焦虑或抑郁可能会导致许多负面结果,如学习成绩不佳、辍学、社会适应不良,药物滥用和自杀[9,10]。

家庭因素、社会支持、人格和认知等都对青少年的焦虑抑郁问题有预测作用。家庭因素方面,家长采用消极的教养方式[11]、家庭结构为单亲或寄养家庭[12]、家庭经济条件较差[13],都易导致青少年焦虑抑郁问题[14];而父母的有效沟通可以减少焦虑抑郁情绪。社会支持分为主观支持、客观支持以及对支持的利用度,社会支持对青少年的心理问题有保护效果[15]。人格方面,情绪不稳定的个体易焦虑;宜人性和外倾性是焦虑抑郁的保护因子[16]。认知方面,自我效能感低下是社交焦虑的有效预测因子;灾难化可预测抑郁[17,18];认知情绪调节中的积极重评是预测焦虑抑郁情绪的重要因子[18]。

焦虑和抑郁的性别及年龄差异

女生焦虑抑郁易感性和实际患病率皆高于男生。青少年时期,女生比男生有更高的焦虑水平[19],但临床样本显示差异不显著[20];女生比男生有更高的抑郁水平,临床水平上男女生的差异更大[21]。父母报告研究及双生子研究也证实女生较男生更易感到害怕和害羞[22]。

焦虑问题多先发于抑郁,青少年阶段抑郁问题凸显并加剧了焦虑情况。童年早期,焦虑先于抑郁发生[23],但对青少年来说,抑郁问题出现更为普遍[24],是否具有焦虑问题对抑郁青少年无显著的影响,但具有抑郁问题的焦虑青少年的焦虑状态较无抑郁问题者更差[25]。

非正常事件下的青少年焦虑和抑郁

类似新冠肺炎疫情等非正常事件,激发了青少年的情绪问题并产生持续深远的影响。在中国,自2020年2月到6月的半年时间内,"停课不停学"和"互联网＋教育"成了全国各地、各个学段、各学科教育的具体部署和主体形式。居家学习期间,针对中小学生的调查研究显示,情绪问题在高年级学生中较为明显,且主要和学习与职业生涯规划问题相关。复学后,研究者使用自编量表测得59.1%的初中生出现复学学习困扰,如考试焦虑;23.14%的初中生与父母之间沟通不畅。

突发重大灾难事件后,心理应激反应一般经历冲击期、防御期、适应期和成长期四个阶段。随着学习生活环境的逐步稳定,人们能够采取积极态度并利用各种资源解决灾难事件造成的问题,其情绪问题应逐步降低,心理状态渐趋平稳。但疫情发展过程中,2020 年 2 月 20～27 日使用流行病学研究抑郁量表(The Center for Epidemiological Studies-Depression Scale、CES-D)和广泛性焦虑障碍量表(Generalized Anxiety Disorder、GAD-7)测得检出率分别为 36.6% 和 19%,4 月 11～19 日两个指标则攀升至 57.0% 和 36.7%[26]。这表明某些非正常事件对民众的影响深远持久。

(三)心理健康问题的思考框架
——以疫情等非正常事件下青少年的焦虑抑郁为例

生态系统理论视角

Bronfenbrenner(1979)提出的"生态系统理论(Ecological Systems Theory)"认为,青少年的成长发展受到生物因素和环境因素的交互影响。强调个体的发展嵌套于相互影响的一系列环境系统,个体与环境系统相互作用并影响个体发展。从内到外所包含的系统依次是微观、联系、外部、宏观四个环境系统;同时包括历时系统,强调时间变化对其他维度系统的影响。微观系统是个体活动的直接环境,包括家庭、同伴、学校、网络媒体等子系统。中间系统是微观系统之间的相互联系,某个系统与个体的积极互动对其他系统和个体的关系有正向影响,微观系统的非积极联系可能产生消极后果。外部系统是衍生自微观系统、并未直接参与儿童发展但却有重要影响的系统,如家庭系统中父母的工作环境,学校的教育目标和社区治理的人性化程度。宏观系统是存在于以上三个系统中的文化、亚文化和社会环境[27]。

该理论认为对个人的理解需要将其置身于生长的自然环境和情境中,个人的问题应该放入生活的整体空间进行理解。问题背后是个人特质与多项环境要素的互动结果,同时人和微观系统有双向影响,环境可以塑造人的行为,人同样可以根据主观意愿塑造环境。

因此,青少年的焦虑抑郁问题是其个人特质与微观系统互动的结果。焦虑和抑郁皆受到基因和环境的共同影响[28]。青少年时期,随着身体和心理的发展和自我觉察能力的提高,青少年在面临内部和外部压力时,易出现焦虑和抑郁问题[3]。在某些非正常事件如新冠肺炎疫情之下,青少年经历居家学习的压力,其个人特质因素可能与媒体、家庭、学校等微系统以及居家学习的联系系统发生交互影响,引发情绪问题。

某些非正常事件会全面影响学生的生态系统。如在新冠肺炎疫情重大挑战面前,学生自身生态系统受到一定程度的损害,如经济环境下行,父母在外打工的青少年可能经历家庭经济紧张状况;在线学习期间,学校为保证学生升学率,持续探索更具适应性的教学方式,学生学业压力加大。学生的家庭和学校系统借助网络媒体系统形成联系系统,对学生产生直接影响。

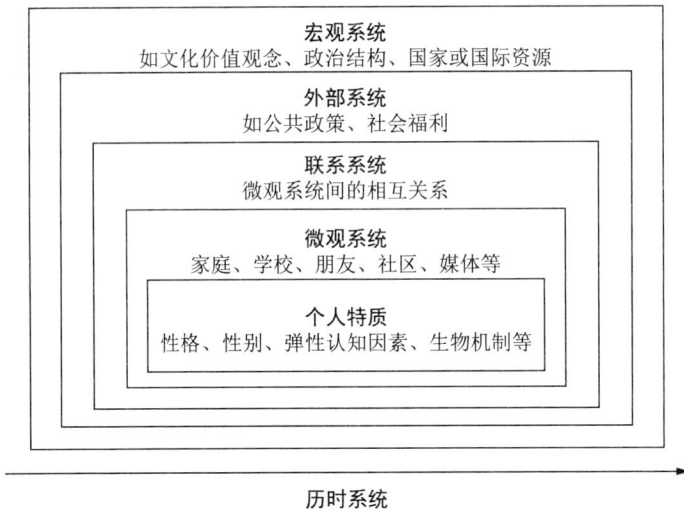

图 1.1 生态系统理论(Bronfenbrenner & Ceci,1994)

居家学习期间,家庭和学校是对某些非正常事件如疫情下青少年心理健康至关重要的直接互动系统。学生以学习为主要任务,新型在线教学方式对父母和老师的要求提高。据父母接受—拒绝理论(Parental Acceptance-Rejection Theory),如果父母以敌意冷漠的态度或过度控制和保护孩子,易使青少年诱发抑郁[29]和焦虑问题[30]。复学后,学校系统对青少年心理健康的重要程度不断上升。升学压力和在线学习效果不佳等使得教师开学后的学业要求提升。师生良性互动减少,师生之间积极情感、支持帮助关系逐渐降低,而消极情感、约束控制关系逐渐升高[31]。

历时系统与应激

历时系统强调从内到外四个系统随时间变化对青少年个体心理健康的影响。

急性应激反应又称为急性应激障碍，是个体在自己面临或目击到他人具有生命危险的事件后2至28天内出现的身体及心理的应激反应。某些非正常事件如新冠肺炎疫情，原因不明、结束时间不明以及暂无疫苗（2020年时无）和特效药等诸多特点，引起全国范围内的心理应激[32]。

当个体长期处于应激反应中，易导致心身疾病和严重的心理问题[33]。使用焦虑自评量表（self-rating anxiety scale，SAS）和抑郁自评量表（self-rating depression scale，SDS）于2020年1月30日—2月10日对1183名浙江居民的调查发现，焦虑检出率41.4%，抑郁检出率为48.43%[34]。通过网络平台于2月20～22日搜集的全国1029名被测试者，其焦虑检出率为24.49%，抑郁检出率为50.92%[35]。2月20～27日使用流行病学研究抑郁量表（The Center for Epidemiological Studies-Depression Scale、CES-D）和广泛性焦虑障碍量表（Generalized Anxiety Disorder、GAD-7）测得检出率分别为36.6%和19%，4月11号至19号两个指标攀升至57.0%和36.7%[36]。

突发重大灾难事件后，心理应激反应一般经历冲击期、防御期、适应期和成长期四个阶段。随着某些非正常事件的逐步稳定，人们能够采取积极态度并利用各种资源解决灾难事件造成的问题，其情绪问题应逐步降低，心理状态渐趋平稳。

功能性语境主义视角

功能性语境主义是基于语境主义和实用主义的现代科学哲学流派[37]，为理解情境中个体的行为表现提供了新鲜视角。

功能性语境主义对我们转换视角理解疫情之下的学生心理健康发展和干预方法有重要意义。它扩展了心理学研究的广泛性，认为内部事件和外部事件都是行为分析的对象，故内部私人经验（如认知和情绪）也可视为有机体在特定情境下的行动。分析心理事件时，需把心理事件理解为个体和具体情境（包括历史和情景因素）之间持续不断的相互作用，并强调个体认知的重要性[38]。如"我早起"的行为，存在于"去上学"和"去度假"的不同情境中，便在描绘截然不同的事件，行为才具有了现实的意义。因此，行为的整体性体现在事件背景和目标的特异性上，故通过预测和影响心理事件与具体情境间的连续互动，对个体的分析可达到一定精确度、范围和深度[37]。

语境行为科学关注心理事件的功能而不是形式，具有鲜明的实用主义特征，使得问题不再是需要改变的病症，而是当前行动不符合目标的信使和预警。例如，语境行为科学认为抑郁情绪有适应功能，焦虑情绪让我们保持警觉迎接挑战，痛苦有了促进行为改变的积极意义。故功能性语境主义跳脱出精神病理学对情绪困扰的定义，认为青少年在疫情等某些非正常事件之中的情绪问题具有其功能性，强调个体在于环境互动中有塑造环境的能力。解决情绪问题时需要考虑学生面临的具体情境，发掘情绪问题背后的积极资源。其关键之处是使青少年意识到情绪困扰背后的渴望，理解情绪的作用，在具体的生活情境中，掌握克服困难达成行动目标的能力。

二 学生常见心理健康问题的测量与识别

（一）测量工具及实施

被试

被试来自一个位于山东济南的公立初中。该学校的所有学生（从初一到初三）均被邀请参与研究。T1 ～ T4 在新冠肺炎疫情隔离期间，学生在线学习，通过在线链接收集问卷。初三年级由于学业紧张，仅参与了 T1 和 T3 的测量，初一和初二年级同学参与了所有五个轮次的测量（新学期开学后升为初二和初三年级）。

参与 T1 的学生共 1735 人，女生 885 人（51.0%），男生 850 人（49.0%）。649 人（37.4%）来自初一年级，572 人（33.0%）来自初二年级，514 人（29.6%）来自初三年级。T2 共回收有效问卷 1026 份（全部参与了 T1 测量），T3 共收回有效问卷 1507 份（部分学生未参与 T2 但参与了 T1），其中参与了前两次测量者为 849 人；T4 共收回有效问卷 822 份，其中参与了前三次时间点测量的学生共 666 人；T5 共收回有效问卷 885 份，其中参与了前四次时间点测量的学生共 535 人。被试流失的原因主要为居家期间，在线问卷填写受学生自主性的影响，部分问卷质量偏低。

程序

为检测学生在新冠肺炎疫情防控期间的心理健康水平,并为需要帮助的学生提供心理援助,经这所公立初中——济南明湖中学校长及课题负责老师的同意,研究人员在网络道德与法治课上向所有学生发放知情同意书,学生们采取自愿原则参与本次研究,并承诺其作答真实有效。道德与法治老师通过班级课程群发放问卷链接,并强调问卷填写对学生的帮助,提供 15 分钟的填答时间,学生填写完成后提交即可。

该问卷一共进行了五次填答,每次间隔 3～5 个周,以保证有足够的时间产生情感变化,同时可检测到短时间内的细微变化。根据居家学习时间的长短,将本段时间划分为两个应激及转化时期,T1 前是因疫情暴发学业中断;T1～T2学生逐步调整并适应居家学习;T2～T3 学生已经适应了网课学习,学业负担和学业压力相对较小;T3～T4 是转换期,随着学生居家学习时间延长,学业压力增多;T4 点学生收到开学消息;T5 点学生返校,因疫情耽搁带来的学业压力激增。具体测量时间如图 2.1:

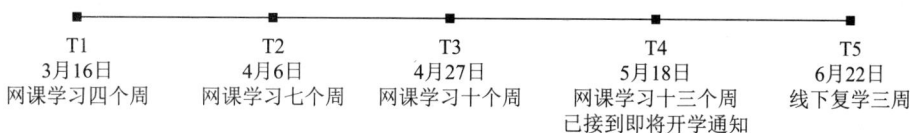

T1	T2	T3	T4	T5
3月16日	4月6日	4月27日	5月18日	6月22日
网课学习四个周	网课学习七个周	网课学习十个周	网课学习十三个周	线下复学三周
			已接到即将开学通知	

图 2.1　测量时点及时段图

测量

积极和消极情感学生量表(PANAS—C, Positive and Negative Affect Schedule-Children)[39] 用来测量学生的积极情感和消极情感,该量表的中文版在儿童青少年群体中具有良好的内部一致性,PA(NA)分量表的内部一致性系数为0.94[40],适合 6～17 岁的儿童和青少年。该量表包含 10 个题目,积极情感和消极情感(如“悲伤的”,“自豪的”),各 5 题。被试使用标准的五点里克特量表回答,“非常轻微或根本没有”计 1 分,“有一点”计 2 分,“中等”计 3 分,“相当”计 4 分,“极其强烈”计 5 分。本研究中积极情感内部一致性系数为 0.90～0.94;消极情感的内部一致性系数为 0.86～0.93。

儿童抑郁障碍自评量表(DSRSC, Depression Self-rating Scale for Children)用来测量儿童的抑郁情况[41]。该量表内部一致性系数为 0.73[42],适合 8～16

岁的儿童和青少年。该量表包含 18 个题目（如"我觉得生活没什么意思","我认为我所做的事都是令人满意的"）。被试使用三点里克特量表回答,"无"计 0 分,"有时"计 1 分,"经常"计 2 分。得分高表示存在抑郁,其中,第 2, 4, 7, 8, 9, 12, 13, 16, 18 题为反向计分,总分 ≥ 15 即为抑郁状态。本研究中的内部一致性系数为 0.86 ～ 0.92。

儿童焦虑障碍自评量表（SCARED, The Screen for Child Anxiety Related Emotional Disorders）用来测量儿童的焦虑情况[43]。中国版问卷内部一致性系数为 0.909[44],适合 7 ～ 16 岁儿童。该量表共 41 题（如"我总担心让我自己一个人睡觉"）,分为躯体化（13 题）,广泛性焦虑（9 题）,分离性焦虑（8 题）,社交恐怖（7 题）,学校恐怖（14 题）五个维度。被试使用三点里克特量表回答,"无"计 0 分,"有时"计 1 分,"经常"计 2 分,总分大于 18 为焦虑状态。本研究中的内部一致性系数为 0.94 ～ 0.97。

自编回溯量表用来测量学生对新冠肺炎疫情防控期间学业压力和亲子关系的看法。该量表共 6 题,分别针对居家学习初期、中期和后期的学业压力和亲子关系进行三点评分（如从学校返回家里后,疫情暴发,你开始居家学习（3 月份）,感受到的学业压力是:1. 压力小, 2. 压力适中, 3. 压力大;从学校返回家后,新冠肺炎疫情暴发,你开始居家学习（3 月份）,你和父母的关系:1. 关系融洽, 2. 关系一般, 3. 关系紧张）。分数越高表明学业压力越大、亲子关系越紧张。

数据分析

使用 SPSS 22.0 对数据进行分析。其中,基本情况和焦虑抑郁检出率采用描述分析;情感与焦虑、抑郁的关系采用相关分析;焦虑抑郁的变化、不同性别和年龄的变化、影响焦虑因素的回溯研究通过配对样本 t 检验进行。

（二）测量数据结果

基本情况

参与第一次测量的学生共 1735 人,女生 885 人（51.0%）,男生 850 人（49.0%）。649 人（37.4%）来自初一年级,572 人（33.0%）来自初二年级,514 人（29.6%）来自初三年级。

参与 5 次纵向研究的学生共 535 人,年龄 13.75（SD=0.71）岁,女生 231 人（43.2%）,男生 304 人（56.8%）。323 人（60.4%）来自初一年级,212 人（39.6%）

来自初二年级,母亲 428 人(80.2%)有稳定工作,106 人(19.8%)无稳定工作;母亲文化水平小学 4 人(0.7%),初中 34 人(6.4%),高中 190 人(35.5%),中专大专 104 人(19.4%),大学 158 人(29.5%),研究生 44 人(8.2%),博士(0.2%)。父亲 497 人(92.9%)有稳定工作,38 人(7.1%)无稳定工作;父亲文化水平小学 1 人(0.2%),初中 9 人(1.7%),高中 161 人(30.1%),中专大专 116 人(21.7%),大学 175 人(32.7%),研究生 72 人(13.5%),博士 1 人(0.2%)。

焦虑抑郁检出率

焦虑的检出标准为量表总分 > 18 分[44],抑郁的检出标准为量表总分 ≥ 15 分[42]。具体的焦虑抑郁检出率如表 2.1 所示。

表 2.1　焦虑抑郁检出率及共病率

焦虑抑郁情况	初一 N=649		初二 N=572		初三 N=514		总体 N=1735	
	n	%	n	%	n	%	n	%
焦虑检出率	197	30.35%	226	39.51%	209	40.66%	632	36.43%
抑郁检出率	120	18.49%	155	27.10%	133	25.88%	408	23.52%
焦虑抑郁共病率	83	12.79%	107	18.71%	98	19.07%	288	16.60%
仅患抑郁检出率	37	5.70%	48	8.39%	35	6.81%	120	6.92%
抑郁者中共病率		69.17%		69.03%		73.68%		70.59%
仅患焦虑检出率	114	17.57%	119	20.80%	111	21.60%	344	19.83%
焦虑者中共病率		42.13%		47.35%		46.89%		45.57%

注:焦虑检出率:所有学生中焦虑得分 > 18 的比例;抑郁检出率:所有学生中抑郁得分 ≥ 15 的比例;焦虑抑郁共病率:所有学生中焦虑得分 > 18、抑郁得分 ≥ 15 的比例;仅患抑郁检出率:所有学生中焦虑得分 ≤ 18、抑郁得分 ≥ 15 的比例;仅患焦虑检出率:所有学生中焦虑得分 > 18、抑郁得分 < 15 的比例;抑郁者中共病率:抑郁得分 ≥ 15 分的学生中焦虑得分 > 18 的比例;焦虑者中共病率:焦虑得分 > 18 的学生中焦虑得分 ≥ 15 的比例。

总体来看,焦虑和抑郁检出率皆高(36.43%,23.52%),且焦虑检出率初三最高(40.66%),抑郁检出率初二最高(27.10%),同时检出焦虑抑郁者占所有学生的 16.60%,只检出焦虑者占比 19.83%,只检出抑郁者占比 6.92%。焦虑抑郁的共病率为 16.60%,焦虑个体有抑郁表现的比例为 45.57%,抑郁个体中有焦虑表现的比例为 70.59%。可见,有焦虑抑郁情绪的学生比例较高,高年级学生面临更多情绪问题,且焦虑抑郁共存的比例较高。

焦虑抑郁与情感

表 2.2　情感与焦虑抑郁的相关分析

	M（SD）	1	2	3	4	5	6	7	8	9	10	11	12	13	14	15	16
1. T1 积极情感	18.67（4.86）	1.00															
2. T2 积极情感	18.93（5.18）	.64***	1.00														
3. T3 积极情感	18.70（5.50）	.59***	.70***	1.00													
4. T4 积极情感	18.87（5.44）	.56***	.67***	.68***	1.00												
5. T1 消极情感	7.74（3.70）	−.33***	−.30***	−.32***	−.28***	1.00											
6. T2 消极情感	7.64（3.84）	−.32***	−.26***	−.28***	−.30***	.50***	1.00										
7. T3 消极情感	7.27（3.80）	−.34***	−.26***	−.27***	−.33***	.45***	.69***	1.00									
8. T4 消极情感	7.83（4.40）	−.36***	−.36***	−.36***	−.31***	.47***	.56***	.59***	1.00								
9. T1 抑郁	7.84（6.01）	−.65***	−.60***	−.59***	−.58***	.52***	.49***	.51***	.46***	1.00							
10. T2 抑郁	7.56（6.70）	−.57***	−.69***	−.63***	−.63***	.48***	.60***	.55***	.53***	.80***	1.00						
11. T3 抑郁	7.39（6.83）	−.53***	−.61***	−.69***	−.66***	.45***	.56***	.57***	.54***	.76***	.85***	1.00					
12. T4 抑郁	7.86（7.27）	−.54***	−.62***	−.64***	−.72***	.46***	.49***	.50***	.60***	.74***	.80***	.84***	1.00				
13. T1 焦虑	14.31（13.09）	−.37***	−.38***	−.39***	−.40***	.56***	.47***	.42***	.46***	.59***	.59***	.54***	.55***	1.00			
14. T2 焦虑	10.03（10.65）	−.37***	−.37***	−.35***	−.41***	.46***	.54***	.48***	.44***	.55***	.64***	.56***	.55***	.80***	1.00		
15. T3 焦虑	12.57（15.50）	−.32***	−.36***	−.36***	−.41***	.44***	.55***	.55***	.52***	.54***	.61***	.63***	.57***	.75***	.82***	1.00	
16. T4 焦虑	12.87（15.75）	−.36***	−.36***	−.41***	−.43***	.45***	.46***	.48***	.60***	.50***	.57***	.58***	.62***	.71***	.74***	.79***	1.00

14

表 2.2 列出了积极情感消极情感、焦虑抑郁的平均数、标准差和皮尔逊相关系数。结果表明,在居家学习期间,焦虑抑郁问题、积极消极情感皆保持一定的稳定性。其中,积极情感与抑郁的相关为 -0.53 至 -0.72($p < 0.00$),与焦虑的相关为 -0.32 至 -0.43($p < 0.00$)。消极情感与抑郁的相关为 0.45 至 0.60($p < 0.00$),与焦虑的相关为 0.42 至 0.60($p < 0.00$),积极情感与消极情感之间为 -0.26 至 -0.36($p < 0.00$)。

积极情感与抑郁的相关显著高于与焦虑的相关,验证了积极情感的下降是抑郁的独特表现。同时消极情感和焦虑抑郁的相关相近,验证了消极情感是焦虑抑郁的共同构念。在后续发展变化研究中,除了关注焦虑抑郁的变化,也将积极情感和消极情感纳入分析。

焦虑抑郁的发展变化

焦虑抑郁和情感 T1 ~ T5 的平均数、标准差和变化情况见表 2.3、图 2.2。

表 2.3　全部学生焦虑、抑郁及情感的描述性分析(N=535)

	T1M(SD)	T2M(SD)	T3M(SD)	T4M(SD)	T5M(SD)
焦虑	14.31(13.09)	10.03(10.65)	12.57(15.05)	12.87(15.75)	13.53(15.63)
抑郁	7.84(6.01)	7.56(6.70)	7.39(6.83)	7.86(7.27)	7.91(7.07)
积极情感	18.67(4.86)	18.93(5.18)	18.70(5.50)	18.87(5.44)	18.60(5.24)
消极情感	7.74(3.70)	7.64(3.84)	7.27(3.80)	7.83(4.40)	7.69(4.12)

焦虑在 T1 水平最高,在 T2 到达最低点,而后逐渐上升。经配对 t 检验,T1 和 T2 ~ T4 皆差异显著(t_{12}=12.12,$p < 0.00$;t_{13}=3.96,$p < 0.00$;t_{14}=2.91,$p < 0.00$),T2 与 T3 ~ T5 皆差异显著(t_{23}=-6.87,$p < 0.00$;t_{24}=-6.02,$p < 0.00$;t_{25}=-7.13,$p < 0.00$)。可见适应期内(T1 ~ T2)居家学习方式有效降低了学生的焦虑水平,但在平和期学生焦虑反弹(T2 ~ T3),应激期末 T5 学生的焦虑水平增高到了居家学习初期水平。

抑郁在 T3 达到最低点,T5 达到最高点。经配对 t 检验,T1 和 T3 差异显著(t=2.35,p=0.02),T3 与 T4、T5 皆差异显著(t_{34}=-2.72,p=0.01;t_{35}=-2.39,p=0.02)。可见,在适应期(T1 ~ T2)和平和期(T2-T3)内居家学习有效降低了学生的抑郁水平,但是在转换期(T3 ~ T4)内,学生的抑郁水平开始提升,并在应激期末 T5 超过了居家学习的初期水平。抑郁变化轨迹与焦虑相似,但抑郁最低点出现晚于焦虑最低点。

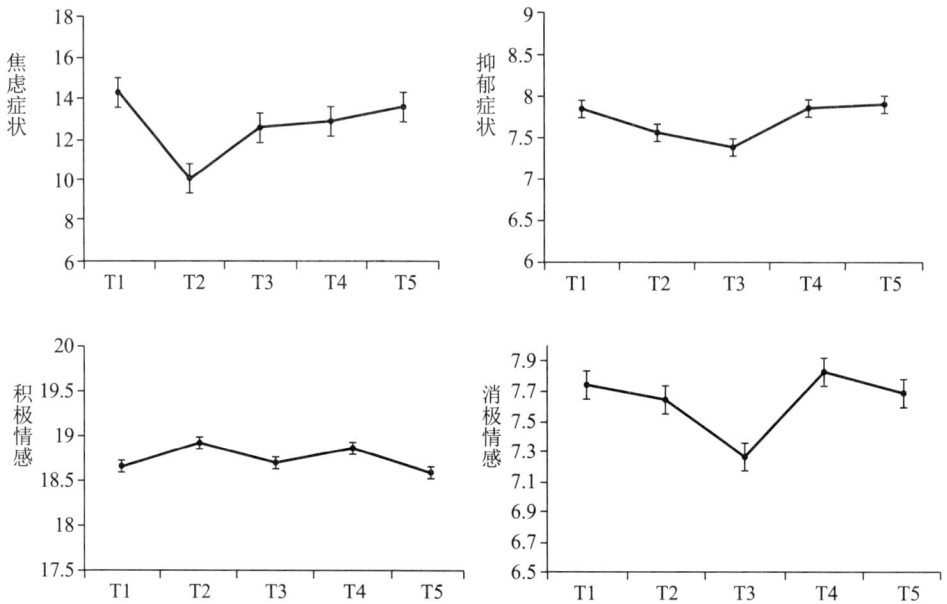

图 2.2　T1—T5 焦虑抑郁、情感的变化情况

积极情感在 T2 达到最高点,T5 到达最低点,整体呈现 M 形变化。经配对 t 检验,T2 和 T5 差异边缘显著($t=1.75$,$p=0.08$)。可见适应期(T1～T2)显著增加学生积极体验,T4 得知开学信息可增加学生积极体验,但应激期 T5 实际开学后积极情感体验达到最低点。这表明,得知开学的消息和实际开学对学生积极体验的影响相反。

消极情感在 T3 到达最低点,T4 到达最高点。经配对 t 检验,T1 和 T3 差异显著($t=2.80$,$p=0.01$),T2 和 T3 差异显著($t=2.99$,$p < 0.00$),T3 与 T4、T5 皆差异显著($t_{34}=-3.53$,$p < 0.00$;$t_{35}=-2.59$,$p=0.01$)。消极情感变化趋势与抑郁变化趋势相似,在平和期出现明显下降,但在转换期出现显著上升,学生得知开学消息可增加学生的消极体验,但实际开学后消极情感下降(差异不显著)。结合积极情感的变化,可以发现得知即将开学可同时增加学生的积极情感和消极情感,实际开学则降低了学生的积极情感和消极情感;开学信息公布和开学落实对学生情绪体验的影响相反,而学生积极情感和消极情感的变化同步。

焦虑抑郁变化的性别差异

不同性别焦虑抑郁和情感 T1～T5 的平均数、标准差和变化情况见表 2.4、图 2.3。

表 2.4　不同性别焦虑、抑郁及情感的描述性分析($N_{男}$=231, $N_{女}$=304)

		T1 M(SD)	T2 M(SD)	T3 M(SD)	T4 M(SD)	T5 M(SD)
焦虑	男	11.94(12.07)	8.15(9.98)	10.76(14.87)	11.16(15.49)	11.61(15.75)
	女	16.12(13.56)	11.45(10.93)	13.95(15.06)	14.18(15.85)	14.98(15.41)
抑郁	男	7.77(6.16)	6.84(6.42)	7.14(6.70)	7.30(7.02)	7.45(6.82)
	女	7.90(5.91)	8.11(6.88)	7.58(6.93)	8.29(7.45)	8.25(7.24)
积极情感	男	19.16(5.06)	19.64(5.43)	19.35(5.51)	19.55(5.51)	19.16(5.32)
	女	18.29(4.68)	18.38(4.92)	18.21(5.45)	18.35(5.33)	18.17(5.15)
消极情感	男	7.69(3.92)	7.70(4.28)	7.56(4.21)	7.87(4.50)	7.81(4.44)
	女	7.78(3.53)	7.61(3.48)	7.04(3.45)	7.79(4.32)	7.59(3.86)

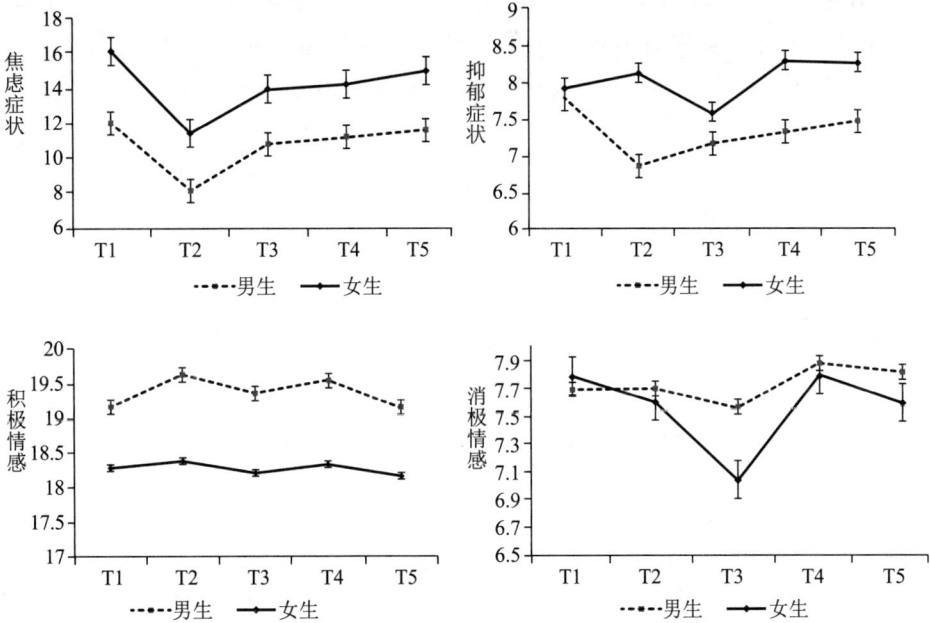

图 2.3　T1～T5 男生女生焦虑抑郁、情感的变化情况

男生和女生的焦虑变化情况一致,T1～T5同一时点性别差异皆显著(t_1=−3.70, p <0.00; t_2=−3.59, p <0.00; t_3=−2.44, p=0.02; t_4=−2.21, p=0.03; t_5=−2.48, p=0.01)。由此可见,男生女生焦虑的波动情况一致,但女生焦虑水平一直显著高于男生。

男生和女生的抑郁变化情况不同,男生在 T2 到达最低点,女生在 T3 达到最低点。其中 T2 时点性别差异显著(t=−2.17, p=0.03)。男生 T1 与 T2(t=3.43,

$p < 0.001$），T1与T3（$t=2.10$，$p=0.04$）差异显著；女生T3与T2、T4、T5差异显著（$t_{23}=0.01$，$p=0.01$；$t_{34}=-3.23$，$p < 0.001$；$t_{35}=-2.34$，$p=0.02$），可见男生在适应期内抑郁情绪大幅下降，并在后面三个时期缓慢上升；女生在平和期T3抑郁情绪大幅下降，但进入转换期后抑郁情绪又大幅上升。这表明，男生抑郁情绪调节速度快于女生，面对压力的抑郁易感性弱于女生。

男生和女生的积极情感情况变化一致，皆呈现M形变化。T1～T5同一时点皆性别差异显著（$t_1=2.08$，$p=0.04$；$t_2=2.80$，$p=0.01$；$t_3=2.40$，$p=0.02$；$t_4=2.55$，$p=0.01$；$t_5=2.17$，$p=0.03$）。可见男女生积极情感的变化情况一致，但是女生体验到的积极情感显著低于男生。

女生消极情感变化曲线波动较大，但T1～T5不同时点性别差异不显著（$t_1=-0.28$，$p=0.78$；$t_2=0.27$，$p=0.79$；$t_3=1.56$，$p=0.12$；$t_4=0.21$，$p=0.83$；$t_5=0.62$，$p=0.54$）。故男生女生对消极情感的感知差异不显著。对于女生来说，T1、T2和T3差异显著（$t_{13}=3.58$，$p < 0.00$；$t_{23}=3.74$，$p < 0.00$），T3与T4、T5差异显著（$t_{34}=-3.85$，$p < 0.00$；$t_{35}=-2.81$，$p=0.01$）。女生在平和期T3感受到显著的消极情感下降，而男生在T1～T5皆无显著性差异。由此可见，总体样本的消极情感的波动主要来自女生，其消极情感易下降也易重新激发。

焦虑抑郁变化的年级差异

不同年级焦虑抑郁和情感T1～T5的平均数、标准差和变化情况见表2.5，图2.4。

表2.5 不同年级焦虑、抑郁及情感的描述性分析（$N_{初二}=323$，$N_{初三}=212$）

		T1 M（SD）	T2 M（SD）	T3 M（SD）	T4 M（SD）	T5 M（SD）
焦虑	初二	12.36（11.85）	8.83（10.20）	11.25（13.97）	11.80（15.31）	12.64（14.85）
	初三	17.29（14.30）	11.86（11.06）	14.58（16.39）	14.50（16.31）	14.89（16.69）
抑郁	初二	7.39（5.76）	7.11（6.43）	6.86（6.49）	7.37（6.99）	7.28（6.72）
	初三	8.53（6.33）	8.25（7.06）	8.20（7.26）	8.61（7.64）	8.86（7.48）
积极情感	初二	18.93（4.99）	19.20（5.08）	19.13（5.36）	19.39（5.30）	19.12（5.05）
	初三	18.27（4.64）	18.50（5.32）	18.05（5.66）	18.06（5.56）	17.80（5.44）
消极情感	初二	7.64（3.89）	7.54（3.89）	7.11（3.82）	7.78（4.56）	7.50（4.06）
	初三	7.89（3.39）	7.81（3.78）	7.50（3.77）	7.90（4.14）	7.97（4.20）

二、三年级焦虑变化一致，前四个时期同一时点两个年级皆差异显著（$t_1=-4.17, p<0.00; t_2=-3.20, p<0.00; t_3=-2.51, p=0.01; t_4=-1.94, p=0.05$），T5开学后不同年级焦虑差异不显著（$t=-1.63, p=0.10$）。可见，适应期T2学生的焦虑即可缓解，但会随着开学临近而逐渐升高。三年级学生的焦虑情绪显著高于二年级学生，但该差异随着实际开学而消失，说明开学后两个年级学生的焦虑水平相当。

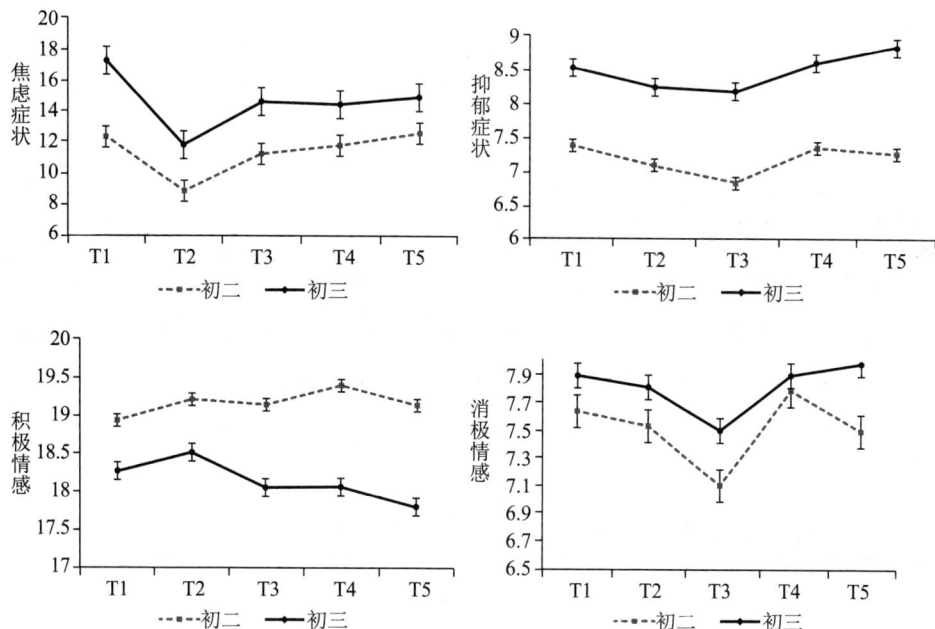

图 2.4　T1～T5初二和初三焦虑抑郁、情感的变化情况

二、三年级前三个时期抑郁症状变化一致，T5开学后出现三年级抑郁水平增高，二年级保持不变的情况，二、三年级学生在T1—T5皆差异显著（$t_1=-2.15, p=0.03; t_2=-1.94, p=0.05; t_3=-2.22, p=0.03; t_4=-1.95, p=0.05; t_5=-2.55, p=0.01$）。配对 t 检验发现，三年级学生 T3 与 T5 差异边缘显著（$t=-1.91, p=0.058$）；二年级学生 T1 与 T3 差异显著（$t=2.20, p=0.03$），T3 与 T4 差异显著（$t=-2.18, p=0.03$）。三年级学生的抑郁水平显著高于二年级学生，开学会提升三年级学生的抑郁水平，而不会增加二年级学生的抑郁水平。开学对二、三年级学生的抑郁和焦虑分别呈现了两种不同的模式：焦虑提升二、三年级同步；抑郁情况三年级随开学继续升高，二年级未显著变化。

二、三年级积极情感变化差异较大，二、三年级学生在 T3、T4、T5 差异显著

($t_3 = -2.24$, $p = 0.03$；$t_4 = 2.79$，$p = 0.01$；$t_5 = 2.89$，$p < 0.00$）。配对样本 t 检验显示二年级学生积极情感波动不显著，三年级学生 T2 与 T5 差异显著（$t = 2.22$，$p = 0.03$）。可见积极情感 T2 与 T5 的变化主要来自三年级学生，开学显著降低了三年级学生的积极情感，且随着时间临近及开学，二、三年级学生的积极情感的差异逐渐增大。

二、三年级消极情感变化曲线差异较大，但 T1—T5 差异不显著。配对样本 t 检验显示二年级学生 T1、T2 和 T3 差异显著（$t_{13} = 2.37$，$p = 0.018$；$t_{23} = 2.61$，$p = 0.01$），T3 与 T4 差异显著（$t = -3.21$，$p < 0.001$）；三年级学生消极情感感知无显著变化。这表明，二、三年级学生消极情感无差异，但二年级学生消极情感在适应期和平和期显著下降，在转换期显著上升，三年级学生的消极情感受到生活事件的影响较小。

焦虑抑郁问题的影响因素

为了了解影响学生焦虑抑郁变化情况的影响因素，于 2021 年 1 月 25 日进行回溯研究。让学生对 2020 年疫情暴发初期（3 月份）、居家学习常态化（4～5 月份）、收到返校通知并返回学校（6 月份）感受到的学业压力和与父母的关系进行三点评分，分别对应上述研究的 T1、T3 和 T5，得到结果如表 2.6 所示。

表 2.6　学生感受到的学业压力、亲子关系的描述性分析（$N = 543$）

	T1（3 月份）	T3（4—5 月份）	T5（6 月份）
学业压力	1.93（0.50）	1.96（0.51）	2.08（0.59）
亲子关系	1.30（0.52）	1.33（0.54）	1.29（0.49）

注：$***p < 0.00$，$*p < 0.05$

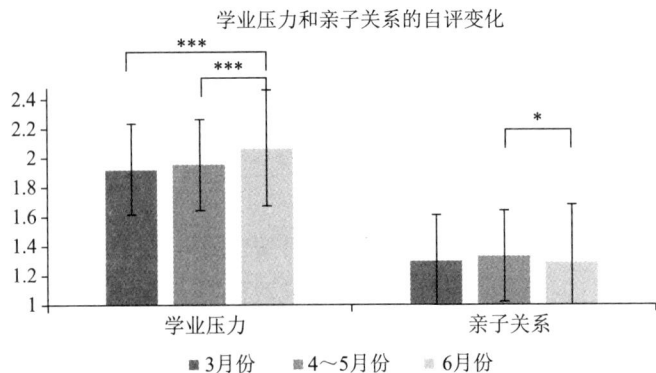

图 2.5　回溯研究学业压力与亲子关系的自评变化图

经配对样本 t 检验，学业压力 T1 与 T2 差异不显著 t_{12}=−1. (p=0. 28)，T2 与 T3 差异 t_{23}=−5. 28（p＜0. 00），T1 与 T3 差异显著 t_{13}=−5. 57（p＜0. 00）。由此可见，随居家学习时间延长，学生学业压力逐步增大，随着开学达到最高值。经配对样本 t 检验，亲子关系 T1 与 T2 差异不显著，t_{12}=−1. 46（p=0. 15），T2 与 T3 差异显著 t_{23}=2. 16（p=0. 03），T1 与 T3 差异不显著 t_{13}=0. 73（p=0. 47）。可见，亲子关系质量随居家学习时间延长降低，但随着开学临近转好。

以焦虑抑郁测量的 T3 时点和回溯研究的 4～5 月份作为交叉滞后研究的两个时间点，对焦虑抑郁和学业压力、亲子关系进行交叉滞后分析，结果见图 2.6。

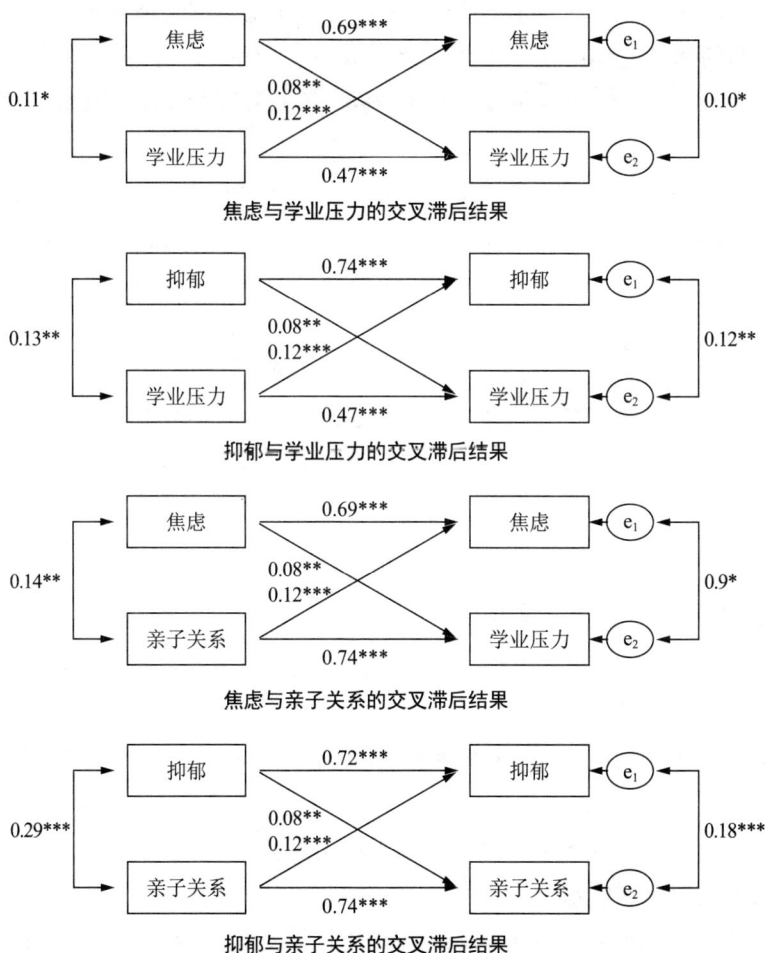

焦虑与学业压力的交叉滞后结果

抑郁与学业压力的交叉滞后结果

焦虑与亲子关系的交叉滞后结果

抑郁与亲子关系的交叉滞后结果

图 2.6　焦虑抑郁、学业压力和亲子关系的交叉滞后结果

交叉滞后模型均属饱和模型,即所有待估计的参数正好等于协方差矩阵中的元素,自由度为0,因此不再估计其拟合指数,关注其路径系数即可。标准化参数显示4～5月份的学业压力对学生开学后的焦虑水平有预测作用,但对抑郁水平无预测作用。亲子关系对开学后的焦虑抑郁有预测作用且对抑郁的预测作用更大。

(三)数据结果讨论

焦虑抑郁问题的表现

本研究2020年3月中旬测得初中学生的焦虑检出率36.43%,抑郁检出率23.52%。焦虑检出率高于2019年同期使用儿童焦虑情绪障碍筛选调查表(SCARED)的深圳龙华区中学生26.1%的焦虑检出率[5,51]。从抑郁方面来说,2019年使用Kutcher青少年抑郁量表对1862名上海市金山区初中生抑郁情况的调查研究中,检出率为25.3%[45];2019年使用病人健康问卷(PHQ-2)对1274名学生进行的调查中,抑郁检出率为23.4%;在其他研究中抑郁检出率为15.4%～28.4%[4,8]。故某些非正常事件如疫情下,初中生焦虑问题显著。

T1点测得学生中焦虑抑郁的共病率为16.60%,抑郁个体中有超过七成个体有焦虑表现,落在当前研究结果的15%～75%之间[46-48]。焦虑青少年中的抑郁比例近五成,远高于当前研究结果的10%～15%[46,49,50],这表明焦虑抑郁有更高的重叠比例。根据多重路径模型(Multiple Pathways Model),本次测量表现出的高重叠性说明很多青少年居家学习期间同时体验到焦虑和抑郁的情绪[51],这种情绪以"担忧"为核心[52]。某些非正常事件下学生有较多的焦虑抑郁共存情况,这和疾病高传染性,某些非正常事件结束时间不明朗等特性相关。

焦虑抑郁问题的发展变化

2020年2月21日至3月17日为新冠肺炎疫情的严控期,自3月18日到4月28日,疫情进入缓和期,4月29日后进入常态化管理期。此段时间内,各级政府采取了中小学延迟开学、居家隔离、线上学习等多项应对策略,但学生心理健康水平仍不容乐观。

焦虑先于抑郁下降到最低点,然后逐步反弹,至开学后学生的焦虑和抑郁水平不低于适应初期的水平。

适应期为刚刚开始居家学习三周的时间,学生继续居家学习并不断适应。

随着疫情走出暴发期,学生的应激源逐步从疫情本身转为学业压力。由于缺乏针对青少年某些非正常事件期间情绪健康变化的纵向数据,根据应激理论和生态系统理论的由内到外的系统,可推测最初进入居家学习期,学生因疫情本身产生的情绪困扰逐步降低平缓;但随着居家学习延长和返校复学,学生面临更多的学业压力,影响其和父母老师的沟通交流。

焦虑抑郁的性别差异

女生较男生表现出更高的焦虑水平;男生抑郁心境的调节能力高于女生,抑郁易感性弱于女生。女生体验到的积极情感显著低于男生,消极情感的波动较男生更大,即更易出现情绪化问题。根据认知易感性—相互作用压力模型(Cognitive Vulnerability-Transactional Stress Model),女生更易有冗思等消极认知模式,这增加了对社会压力信号的易感性,放大了危险因素的负面影响,如果调节不良则易造成其情绪波动进而发展为影响社会功能的内化问题。也就是说,男生和女生面临相似的压力时,女生的认知易感性更易促使焦虑抑郁的发生。

本研究与其他研究关于某些非正常事件如疫情下女生在抑郁、强迫焦虑等维度显著高于男生的结果一致[53]。但其他研究也发现女生获得社会支持和利用社会支持的程度皆好于男生(唐蕾,2020),故女生可通过其充分利用其社会资源改善内化问题。学校和家庭一方面需为其提供资源支持,另一方面提升女生的资源利用能力。

焦虑抑郁的年级差异

居家学习期间,三年级学生的焦虑抑郁情绪显著高于二年级学生,开学复课后焦虑无年级差异,而抑郁的年级差异进一步扩大。三年级学生积极情感随着开学逐渐降低且两个年级差距逐渐增大,由于积极情感下降是抑郁的重要表现,所以积极情感的变化也印证了抑郁的变化过程。现有研究发现,焦虑一般较抑郁先出现,由焦虑引发的认知偏差和负向情感,促使学生对社会评价过度敏感,整体适应能力下降,从而引发抑郁[51];且有压力的生活事件和抑郁的关系较焦虑更为紧密[54]。三年级学生升学压力大,随开学复课,适应不良的高焦虑群体会转化为抑郁[55],造成三年级学生抑郁水平显著高于二年级的状况[56]。

高年级学生面临高学业压力下的情绪问题,情绪问题应得到与学业成绩同等的关注。疫情的相关研究发现高中学生的抑郁、恐惧得分显著高于初中生[53]，高年级学生对疫情消极信息的获取能力更强且更倾向于采取消极应对的方式[57]，这就要求学校复学后，除了关注高年级学生学业水平，更应该关注学生的心理健康，不可让心理健康教育让位于普通学科教育，而应该将心理健康教育作为学科教育的重要组成部分，平衡好高年级学生的学业进步和心理健康的关系，二者共同为学生的健康成长和发展保驾护航。

社会生态理论视角下的焦虑抑郁影响因素

在社会系统理论视角下，学生焦虑抑郁问题的发展受到了宏观系统自上而下的渗透和影响。新冠肺炎疫情发生后，宏观系统下国家防治疫情的态度是"举国之力，生命为先"。而后卫健委等相关部门针对疫情防控开展工作，共经历了预警期、暴发期、严控期、缓和期、常态化管理期（根据国家卫健委 2022 年 12 月 26 日公告，自 2023 年 1 月 8 日起，解除对新型冠状病毒感染采取的《中华人民共和国传染病防治法》规定的甲类传染病预防、控制措施，进入对新型冠状病毒感染实施"乙类乙管"阶段）。常态化管理期，公共政策对普通民众的影响主要为居家办公或短暂失业，学生为居家学习和复学。与青少年密切相关的微观系统主要为家庭环境和以网络为媒介的学校环境。

微观系统的改变促发青少年的焦虑抑郁问题。大鼠研究的慢性轻度不可预见模型（Chronic unpredictable mild stress，CUMS）认为长期的低水平应激源，如黑白颠倒、食物和饮水供应的调整（禁水、禁食）；居住环境的改变（单笼饲养、鼠笼倾斜、潮湿垫料）；行为束缚等，都会使得大鼠出现快感缺乏、活动能力下降、社交能力下降和探索能力下降的问题。这正好对应新冠肺炎疫情居家期间学生的生活作息不规律、学习生活场地变化及居家隔离束缚。图 2.7 中的微观系统针对学生群体，根据学习压力划分了四个时期。T1 是因疫情暴发学业中断造成的急性应激期；T1～T2 是对该应激的适应期，学生逐步调整并适应居家学习，也可称为急性应激恢复期；T2～T3 是平和期，学生已经适应了网课学习，但由于居家学习时间延长，学业压力逐步显现；T3～T4 是转换期，随着学生居家学习时间延长，学业压力增多；T4～T5 是针对开学的应激期，T4 点学生收到开学消息，同学重聚的积极情感和补课的压力均上升，T5 点学生返校，因疾病耽搁带来的学业压力激增。学业问题是 46.62％初中生面临的最主要问题[58]，中等职业学校升学考学生出现心理问题的学生占比为 31.41％[59]；中学生心理健康状况明显低于小学生[60]；高三学生在焦虑、抑郁维度的因子得分与全国常模有显著差异[61]，感到学习压力比从不感到学习压力引起的中学生焦虑性情绪障碍的检出率高[5],说明在线学习方式加之升学压力,是导致学生认知情绪和行为问题的重要原因[57]。故微观系统对学生心理健康的影响更多的是通过居家学习的方式,将学业压力通过网络平台传递到学生和监护者。如针对成都高中生的研究发现,与家长的矛盾是抑郁焦虑的共同影响因素[62]。

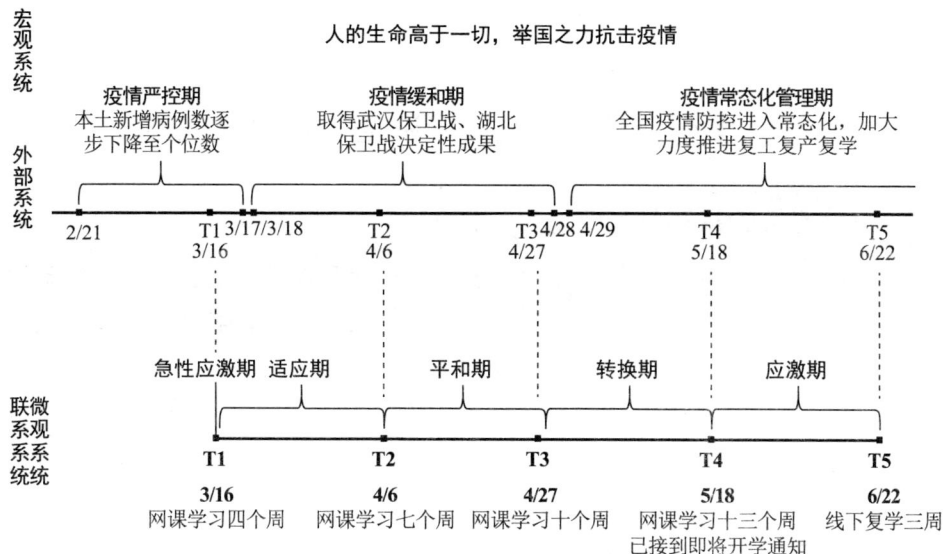

图 2.7　社会生态理论视角下的疫情影响图

心理应激系统模型认为,心理应激是个体的生活事件、认知评价、应对方式、社会支持、人格特征和身心反应等生理、心理、社会多因素构成相互作用的动态平衡系统,当出现某种原因造成系统失衡时,个体会出现心理应激状态。按照心理应激系统模型,新冠肺炎疫情发生、居家学习、开学返校等生活事件,均可能成为造成系统失衡的应激源;中学生情绪变化波动大,面对生活事件半数以上的中学生采取消极应对方式,较少主动向他人获取社会支持[57],进一步加剧系统失衡,造成焦虑抑郁问题。

学生可在与微观系统的互动中降低环境对自身心理健康的影响,但调节能力不足。经历学业问题及由此引发的亲子问题和师生问题时,学生会采取不同的认知调节策略和行为调节策略。但青少年尚处在发育阶段,其使用认知策略的比例较低且能力不足[63];同时,由于居家隔离及口罩佩戴要求,学生运动调节的机会有限,更易借助网络逃避学业和亲子关系问题,这进一步导致焦虑性情绪障碍检出率提升[5]。因此,学生缺乏良好的自我调节能力,无法缓冲重大生活事件带来的人际关系及学业问题。情绪发展理论认为,教养方式会影响儿童情绪调节的发展,良好的教养方式可以减少不良的情绪调节策略;亲子依恋也是影响情绪调节的重要因素,安全依恋的儿童更多采取合适的情绪调节策略[64]。但是,如果家长未采取合适的教养方式或未建立良好的亲子依恋,孩子更易采取不成熟的情绪调节策略,进而引发心理问题[65]。总体而言,学生内化问题是疫情催化下家庭教养和学校教育问题的产物。

三 学生常见心理健康问题的干预研究方案

(一)传统的认知行为疗法及局限性

行为治疗共经历了三代浪潮的发展。第一代是以条件反射和操作性条件反射为基础,以前因(Antecedent)—行为(Behavior)—反应结果(Consequence)为核心理念的行为疗法(Behavioral Therapy, BT);第二代是以理性主义哲学和认知信息加工理论为基础,以与情感有关系的事件(Activating Events)—信念或想法(Beliefs)—与事件有关的情感反应结果和行为反应(Consequences)为核心的认知行为疗法;第三代是基于功能性语境主义哲学和关系框架理论,以接纳刺激(Acceptance)—觉察存在(Being)—选择行动(Choose Action)为核心理念的语境认知行为疗法(Contextual CBT, c-CBT)。

青少年焦虑抑郁的干预以认知行为疗法(Cognitive Behavioral Therapy, CBT)为主,但传统 CBT 治疗青少年焦虑抑郁面临效果持续性不佳和开展难度大的困境。元分析发现学校焦虑抑郁干预项目效果无法持续[66]或在一年随访中效果降低[67]。认知行为疗法治疗抑郁问题的局限可能是抑郁情绪降低了个体改变的动机,使得参与难度加大[68];抑郁者在面对社会情境中的线索时,产生负向的认知加工过程,故不易从治疗中获益[69];作用于情绪调节后期,消耗更多时间资源和大脑资源,对能量不足的个体难以起效[70]。

近 15 年,认知行为疗法(CBT)的新模式语境认知行为疗法(c-CBT)很大程度上摒弃了"检查、挑战、辩论和改变"的传统模式,而更倾向于探索一个鼓励觉察、接纳和对选择的价值进行深度承诺的模式。传统的认知行为疗法旨在改变错误的认知,试图控制个人经验,其潜在的假设是健康状态没有讨厌和令人烦恼的个人经验。c-CBT 则认为讨厌的个人经验正是发掘真实价值和做出改变的契机。这启发要我们改变对症下药的思维方式,除了以修正不合理信念为切入点,也充分发掘和培养个体的积极心理资源,增加个体对不合理信念及负性情绪的接纳程度,启发青少年拥抱当下,触发朝向价值的高效学习行动模式。如果将积极心理资源和潜在心理问题比作阴阳太极图的白色和黑色部分,不断提升积极心理资源如同在阴阳太极图中增加白色部分占比,促进学生自发的应对行为和心理健康发展。

(二)接纳承诺疗法及其理论基础

第三代浪潮的语境认知行为疗法是第二代的认知行为疗法的延续和发展。典型疗法如辩证行为疗法(Dialectical Behavior Therapy)、基于正念的认知行为疗法(Mindfulness-Based Cognitive Therapy)、元认知疗法(Metacognitive Therapy)、接纳承诺疗法(Acceptance and Commitment Therapy, ACT)等,更关注如正念、接纳、自我、关系、注意力灵活性、价值等人与经验之间的关系,而非经验本身。接纳承诺疗法是第三代浪潮中的典型代表之一,它认为所有的行为都可以看作一个事件,而事件只有在情境中才有意义,人的问题是不能接触当下并在具体的情境中做出合理的、与价值相一致的行为反应,所以 ACT 的目标是培养接纳不想要的感受及想法的能力,激活改善生活环境的行动力[71]。

接纳承诺疗法的哲学基础是功能语境主义和关系框架理论。

功能语境主义认为行为的本质是建立在特定活动是否有助于实现目的的前提下,从而拓宽认知灵活性,根据目的和我们体验到的关系来选择有用的实践。如"我"的目标是到达 A 点,那么无论"我"经 B 方式或 C 方式,只有能达成最终目标,都是合适的,这给了"我"更多选择的空间。

关系框架理论的基本目标是探索人们是生命周期里如何获得各种语言功能,复杂的语言功能又如何调节人类行动。它认为关系框架的形成是习得性行为,我们通过相互推衍、联合推衍和刺激功能转换三种形式进行学习。相互推衍是指特定情境下一个方向上习得的关系可以导出另一个方向的关系。联合推衍一个特定情境中 A 以特定方式和 B 联系,B 以特定方式和 C 联系,那么就蕴含了情境下 A 与 C 之间的关系。刺激功能转化,指某个外部刺激在关联网络中(如相似,比较,时间,指代,时空,反义,因果,归属)触发种各样的内部心理事件,该心理事件不仅仅是单词和物体,也可能是与之相关的记忆和感受,从而使得语言的本身带有情感特质,产生相应行为。例如,只是看到"新冠"二字,我们就可以感受到身患肺炎的呼吸困难、重病难治的心酸悲怆。相互推衍和联合推衍让我们简单习得概念间的对应关系，刺激功能转化则通过一连串的认知能力，把事物以所有可能的方式联系起来，形成包含情绪、认知和行为的相互触发的网络。

ACT 认为人类的痛苦是主观语言过分膨胀的结果[72]。人的心智模式集中在对事件赋予意义，预言及故事讲述，这些言语规则可看作高度精巧而相互联结的推演性刺激关系网络的结果。言语规则对行为的支配不需要基于真实世界接触中的直接结果，而主要基于对事件及其关系的言语表述。所以，不需要直接或经验学习，言语规则便可通过过度自我学习的方式对外界的环境刺激进行反应。首先，这会使得我们逐步围于规则本身，而对规则中没有描述的环境不再敏感，挤走了直觉、灵感、客观描述和观察、诺言、感激、好奇、情绪智力等其他非时序和非比较的感知和经验，生活开始变成需要解决的问题而不是一个需要充分体验的过程；其次，由于关系框架习得后可以随意应用，不太可能通过完全控制关系语境以防止推衍出无益的关系，不相干的情境也可能引发负性思维和情绪，试图改变或压制情绪和思维的联结，反而加强非理性联系的强度。所以当"言语规则"不受语境制约时，就成了人类痛苦的根源，导致自我中心、污名化、偏见、片面、歪曲等心理问题。例如，我们习得了"新冠肺炎疫情""死亡"和"恐惧情绪"的关系框架，便会担心自己和他人的健康，难以控制自己查阅手机关注疫情死亡人数等负面新闻，形成了"手机依赖症"，影响了正常生活；即使疫情渐趋平稳，此关系框架也不会消失不见，我们依然延续了对"新冠肺炎疫情"的恐惧，保持手机使用时间过长的习惯，可能因为"我离不开手机"而减少面对面的人际互动，或对手机使用成瘾现象自我谴责。

接纳承诺疗法的治疗方式是帮助人们跳脱出不断构建并自我验证的语言陷阱，减轻对内部世界的过敏性反应，让生活过程本身成为首要关注点。由于语言系统的过度自我学习，已经建立的语言框架难以去除，故 ACT 通过对旧反应增加新反应以改变其语境意义，以观察痛苦而非体验痛苦实现语境的转变。

（三）接纳承诺疗法的病理模型及治疗模型

在 ACT 框架下，焦虑抑郁等情绪痛苦是因为当前的情境触发了关系网络中的痛苦事件，使得个体不能根据情境改变而继续采取有效的行动[72]，这种陷入"言语规则"而采取回避等无效行动的状态被称为"心理僵化"。ACT 的最终目标不是减轻来访者的临床症状,而是提高心理灵活性,提高其能采取和自己价值一致的能力,这自然带来情绪问题的减轻。心理灵活性(Psychological Flexibility)是接纳承诺疗法治疗模型起作用的关键。它是指个体有意识觉察当下的想法情绪等心理活动,澄清自我选择的价值方向,通过行动不断向价值方向前进[73]。

　　心理灵活性是评估心理健康的重要指标,也是对接纳承诺疗法(Acceptance and Commitment Therapy,ACT)作用靶点的精准概括。ACT 的核心目标是以正念为基础,帮助患者觉察早已存在的想法和感觉,而不陷入其中,并且帮助患者带着自己过去的经历和自动产生的反应,朝着自己的价值方向前行[74]。ACT 治疗和病理模型中包含 6 组对应内容:接纳—经验性回避、认知解离—认知融合、活在当下—脱离当下、以己为景—概念化自我、明确价值—价值不清、承诺行动—无效行动[75]。具体维度见图 3.1。

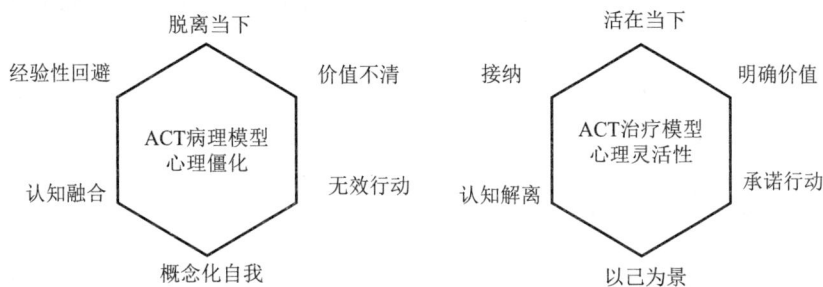

图 3.1　接纳承诺疗法的病理模型和治疗模型

　　六个过程中,病理模型左侧的"经验性回避"和"认知融合"是个体被"言语规则"控制后的表现。当融合出现时,思维在没有外界环境改变的情况下控制了行为,如"我认为别人不和我说话是不喜欢我",所以便不主动与他人交流,但"不说话"可能只是因为对方在忙别的事情。"认知融合"自动引向"经验性回避",因为融合下个体总是遵守一些规则,规则暗含了某些经验是不健康的且必须控制消除。"经验性回避"是当情境与痛苦经历相关时,人们为了减少不悦的内在经验选择而采取回避行为。该行为长远看来与个体的目标相违背,使得个体的适应能力降低。

　　"认知解离"和"接纳"让我们脱离了"因痛苦而痛苦"的问题,主动承认之前行为的无效性,为后续寻求有效的行为方式奠定了基础。"解离"是识别了语言的有限性并自主降低对想法的信任程度。"接纳"是以有益开放的、善于接纳的、灵活的和不带任何判断的态度自觉自愿地接受当下的体验。"接纳"允许负面的内容表现出来,但是不让它们成为符合价值行动的障碍。当个体有了识别和允许"思想陷阱"存在的能力,随之而来的自我同情会把思考引向更广阔的人生方向上。

中间部分的"脱离当下"和"概念化自我"是个体与"言语规则""认知融合"时难以生活中当下的状态。"脱离当下"时,个体过度沉浸在过去的后悔和对未来的担忧,难以专注于此时此刻的感受。没有看到自我的流动性和变化的空间,就是一种僵化的"概念化自我"。无效认知往往出现自我预言实现的行为方式,放大一个人早期经历对不同方面的影响。如脱离当下,沉浸在"之前我学习能力差"的"概念化自我"中时,"我"的注意力便无法集中于学习上,而陷入"我学习能力不好"的认知融合和"学不好还不如不学"的回避当中。

"以己为景""接触当下"不能消除负性的内容,但为负性内容创造了得到完全体验的空间,让"解离"和"接纳"成为可能,是接纳承诺疗法起效的基础。

"接触当下"即"正念",正念(Mindfulness)以清楚生动的当前体验为特征,是一种不加评判地关注当下的能力[76]。元认知是对思考、感觉等意识过程的觉察,正念通过唤起元认知状态,改变一个人对体验的关注方式[77],对提高注意力[78]、增加观点采择能力、人际交往能力[79]、改善焦虑抑郁状态(焦虑:$d=0.18$;抑郁:$d=0.47$)[80]、促进心理健康有积极作用[81]。

首先,正念在某些非正常事件下的心理健康恢复中有重要意义,可提升个体应激事件后的压力调节能力。当个体遭遇急性压力或慢性压力时,"战逃反应"促发身体分泌应激激素皮质醇,杏仁核处在激活状态。随着深入进行正念练习,应激激素皮质醇急剧下降[82],前额皮质和控制情绪的杏仁核之间具有更强的操作连接性,杏仁核激活程度降低,受到事件影响后的情绪起伏越小,随着正念练习时长增加,越能够平静面对压力,从痛苦中恢复的能力越强[83]。

其次,提升在日常生活中专注于此时此刻的能力,阻断思维反刍。当不进行脑力劳动时,大脑的默认模式神经网络自动工作,头脑被期待、预测、惯性思维和习得的应对方式占据和支配。该状态被认为是各种形式的自我监控、自我调节和自我探究的障碍[84]。提升以上能力意味着弱化默认神经回路的活性——增强前额叶皮质对默认神经回路的抑制作用,降低默认神经回路的内在联通。

和仅仅接受一个星期冥想训练的志愿者相比,经验丰富的冥想者前额叶的调节回路和默认模式之间的连通性更强,默认模式神经回路间的连通性更弱[85],在日常生活表现出与测试阶段同等的弱默认模式神经回路连通性。

正念水平高的个体,能更好地应对压力,觉察当前的状态而不拘泥于过去和未来的"语言规则",即从概念化自我中流动了出来。从"概念化自我"到"以己为景"的转变帮助个体从概念化内容(无论好坏)中区分出来,拉远和想法的距离,后退并观察思考和感受的内部过程,你不仅仅是你的身体、角色、情感和思维,你是它们呈现的场所、背景和空间,这促进"接纳"和"解离",在抑郁和焦虑问题[86]等精神疾病中有重要作用。

"价值不清"和"无效行动"是个体不断陷入痛苦循环的重要原因。价值是关于我们在生活中信奉的指导性原则,且应该是自由选择的,是人生前行的方向,不受社会称许性等文化因素的干扰。人类有在生命中寻找意义和价值的内在需求,生命意义感的提升与主观幸福感、自尊、积极情绪等积极心理变量相关[87-90];意义和目的感的缺失将使人深陷痛苦。但由于没有一个统一的意义和目标具有全人类的普适性,所以每个人都需在自己的人生中寻找和构建意义[87]。价值不清的个体,面对生活事件更容易陷入"融合"和"回避",而"融合"和"回避"较强的个体沉浸在对过去的悔恨和对未来的担心中,也不能按照自己的价值选择进行生活或是根本无法确定自己的价值方向。而"无效行动"的个体是虽然确立了价值方向,但却不能以有效的、具体的行动推动其达成目标,这也需要个体觉察到当前行为模式的无效性,并继续与价值联结,采取有效的行动。

"价值"是我们自由选择的、持续的、动态的、进化的、由"有效行动"构成的行为模式。价值提供了选择的标准,让多样性和选择能够正常进行,并在某种痛苦的想法和感受成为价值行动的障碍时,对问题"解离"和"接纳"。承诺行动是基于价值的行动模式,通过行为进行持续的调整,从而建立越来越大的、灵活有效的、基于价值的行为模式。随着"有效行动"的累积,价值得到强化并更具指导意义。

总体而言,接纳承诺疗法的六个维度各不相同但互相关联依赖。中间的保持关注的能力("接触当下"和"以己为景")可看为铰链,与保持开放的能力("解离"和"接纳")和投入生活的能力里("价值"和"承诺行动")相链接。生活就像是向前行驶的小汽车,"回避"和"认知融合"就是因冰冻而冻结在某处的雨刷,"自我觉察"让我们意识到需要清理雨刷器,而"价值"和"承诺行动"是目的地。在心理灵活性的整体框架下,各维度相互影响和促进——当想法阻碍以价值为导向的生活时,需不断理解想法的有限性并"解离";当经验性回避阻碍符合价值观的行动时,需要用开放的、完全的心理状态接纳负性体验;当过度关注过去未来或缺乏人际关系的自我觉察时,需要接触当下让体验更丰富充实;当害怕自己被内在经验伤害、过度依赖"概念化自我"、需要有意识的选择价值行动时,都应该站在"以己为景"上进行思考;当没有目标感和内在动力时,与自己的价值建立连接,澄清价值并引导行为;当需要将价值转化为有效行动时,使用价值确定目标并分解为有效的行动。正念在其中起到了基础的作用,只有对知觉过程、情绪、想法等有充分的觉察,才能为"接纳"和"解离"创造前提条件,才能倾听内心的声音确立价值并付诸行动。

(四)接纳承诺疗法的应用

接纳承诺疗法(ACT)已经应用于多种心理疾病的治疗和生理疾病的辅助干预中,对焦虑障碍、抑郁障碍[91]都有显著的改善作用。作为跨诊断的治疗模式,由于着重改善个体与自己负性情感、思维、反应之间的关系,而不是针对某一具体症状对症干预,ACT 在处理共病情况时干预效果更好,也有更多应用空间[92]。"解离接纳"作用于情绪调节早期的执行控制网络,而非情绪调节后期的语言处理区域,使得其在处理强烈情绪状态的效果优于认知重评的效果[70]。

ACT 对青少年群体的作用也得到了实证检验。干预后青少年的焦虑[93]、抑郁[94, 95]、创伤后应激障碍[96]等症状得到改善,生命质量[97]得到提高。在瑞典和澳大利亚学生以应激和抑郁为主题的 ACT 心理健康教育中,ACT 组获得了明显改善,这证明 ACT 在心理健康教育和心理问题预防领域同样有效[95]。此后,积极心理学视角的研究也表明 ACT 对提升青少年幸福感等积极品质有显著效果[98]。但 ACT 在我国青少年心理健康教育和心理问题预防领域的应用较少,如 2018 年针对高中生的研究发现其对改善焦虑抑郁有显著效果[99]。

针对 3189 名学生(中学生 873 人,小学生 815 人,小学生监护人 1092 人)的网络调查表明,学生的问题主要表现在:一是情绪上表现为对某些非正常事件的紧张恐惧和焦虑;二是认知上表现出对消极事件潜在后果的灾难化[100];三是行为上出现强迫性关注和生活不规律的问题,如网络成瘾[101]等。接纳承诺疗法有清晰易懂的理论解释和实证研究支持,且作为灵活的工具,与新冠肺炎疫情之后学生面临较多学业压力心理负担、缺乏学习自主性的情况高度适配。通过帮助学生与"自我贬低"的语言"解离",减少玩游戏等"回避"行为,促进对自己负性情绪的"接纳",掌握"正念"的自我调节技能,寻找"价值"取向的学习动力。

新冠肺炎疫情之下对青少年的干预可以通过检验其不合理信念,即融合的内容和僵化的自我入手,提供其"正念"的工具,帮助其掌握合理的情绪调节方法,面对学习生活中的突发事件,梳理出一条通过觉察当下,集中注意力,克服困难追求学业精进的道路,而非"经验性回避"的游戏沉溺和"融合"的自我贬低。

本研究计划通过中测后测,探索接纳承诺疗法对重大突发公共卫生事件的常态化管理期内,青少年焦虑抑郁问题的改善情况,这对学校学生心理健康问题的识别和分级干预有重要价值。

四　学生常见心理健康问题的干预—接纳承诺疗法及应用

(一)课程设计思路

比照 Delphi 法对课程材料进行本土化,执行"征求专家意见—归纳—统计—反馈—循环—达成一致"的流程[102]。

(1)参考《ACT 就这么简单:接纳承诺疗法简明实操手册》《走出心灵的误区》《接纳承诺疗法(ACT)正念改变之道》等书籍,结合研究疫情后青少年情绪问题特点,编写课程内容。

(2)在相关专家指导下,提出并整理课程内容脚本。

(3)经过济南明湖中学老师预实验,得到反馈,调整课程时长和内容分配。

(4)集中学生、专家、心理老师意见迭代修改,确定面授课程方案。

每个单元以 45 分钟团体课程形式展开,辅以学生心理健康手册,确保教学参与度和教学质量。每一单元包括目标、工具、过程三大部分;过程部分以游戏和问答互动启发学生思考。第一课建立相互理解的支持关系,使学生意识到处理负性情绪方式的无效性,激发兴趣;第二课教授"正念练习",提升注意力;第三课助学生自我理解,并探索人生价值方向;第四课通过"观察自我",提高学生观点采择的有效性和灵活性,并掌握完整自助方法。四个单元如表 4.1 所示。

表4.1 课程主题和核心维度

单元数	主 题	ACT技术	主要内容	核心维度
一	放松训练，成为"正念勇士"	接触当下 接纳情绪	1. 每个人都有秘密 （1）三个故事引入 （2）说出你的故事 （3）澄清勇气和正念 2. 传授你成为"正念勇士"的法宝 （1）和情绪"怪兽"的拔河比赛 （2）如何调整你的情绪 （3）生活中的应用与作业	1. 建立支持关系：我们都不是完美的 2. 识别错误应对策略 3. 学习正念技巧
二	我的想法	认知解离 接触当下	1. 大脑关注负面信息 （1）四个人谁成了狮子的午餐 （2）大脑会说什么 2. 大脑过于概括 3. 想法是不可控和局限的 4. 正念法宝二—正念观想法	1. 发现大脑的特征和局限性 2. 运用正念与想法和平共处
三	明白你在乎什么	明确价值	1. 数字游戏——我的生活 2. 找到我的价值观 3. 书写我的未来 4. 他人助力	1. 理解价值的意义 2. 寻找自己的价值 3. 探索面向价值的行动 4. 倾听自己和他人的有效建议
四	我是怎样的我	承诺行动	1. 变化的我 2. 预测未来 （1）我是正在观察的我 （2）阻碍我的消极的话 3. 明白想法只是想法 4. 给自己的一封信	1. 觉察观察性自我 2. 掌握接纳承诺疗法在生活中的应用

（二）课程一 放松训练成为正念勇士

目标

（1）学习放松训练的方法。

（2）了解勇气和正念的含义。

（3）掌握觉察呼吸和身体的方法。

工具

笔，PPT，学生团体辅导使用手册

过程

1. 引入——每个人都有秘密

（1）三个故事引入。

A. 失败者——我是个失败的孩子，我不擅长社交，不知道怎么交朋友和维持友谊。别人总是欺负我，我不知道如何保护自己。我花了很多时间幻想躲避现实——我躲进电子游戏里还有白日梦里，在那里没有人可以伤害我。我的父母总是忙得很，没多少时间陪我，他们不知道我面临的情况，他们根本不懂我。有一次别人欺负我打我，我太生气了，就打了对方，然后被老师知道了，我被请了家长。父母狠狠地批评了我，甚至打了我，他们根本没有设身处地为我想想，我感到冷冰冰的，没有生活的希望。没开学这段时间，每天待在家里躺着玩游戏，随便学学习，比去学校好得多。

B. 戴着面具的我——我是个一直戴着面具生活的孩子，努力地好好学习，努力地处理同学关系，大家都觉得我挺好的，老师和父母都比较喜欢我。但其实我每天都生活在怕别人发现自己是骗子的恐惧中。我反复思考别人跟我说的每一句话——他那句话是什么意思？她为什么没和我打招呼？而且我觉得我的成绩也比我的实际水平要好太多，我必须一直非常努力，才能不让自己的谎言被揭穿，我其实没那么优秀，我其实是有问题的。假期网课这段时间我总是担心自己会不会落下功课，会不会开学后没那么优秀，被其他同学轻易反超。在一定程度上，我倒是蛮羡慕那些被孤立的孩子，至少他们可以自己生存，不用在乎别人的看法。

C. 我就是最普通的那一个——我的学习成绩不好也不坏，如果用一个关键词来形容我就是"普通"。我按时上课和做作业，应付学习，我不知道自己想要什么，我只知道听父母和老师的话，我应该好好学习。我有很多不切实际的"梦想"，上课时也会因为想到它们而走神，被老师叫起来回答问题手足无措。但我不知道未来会怎么样，如果有一天我能够实现它们该多好！我希望能为了梦想而努力，但是当我翻开书本后，总是觉得无聊又困难，那些字母和文字实在太干瘪瘪的了，我的思绪很快又飘到别的地方了。我好羡慕那些学习成绩好、长得好的同学啊！日子一天一天地过去,普通的我未来会变成什么样子？

（2）说出你的故事。

老师:觉得刚刚的故事和你有相似之处的请举手,这是老师和我最好的朋友的故事。

用一句话,几个词来形容你的故事——写在发到的学生手册上。

事实上,我们每个人都经历着情绪的痛苦,我们都寻求友谊,都害怕别人的拒绝,都表面上看起来很酷,其实内在有着脆弱和恐惧。大多数人表面上很开心,是因为社会教导我们要这样做。于是我们都隐藏起来自己的恐惧,我们都不知道别人内心的挣扎。这就是人人都有相同的秘密。

这几次团体辅导,我们希望可以让你活出自己的方式,增加对自己和他人的认识。

（3）澄清勇气和正念。

老师:什么是勇气呢？（邀请同学回答）—— 勇气并不总是咆哮,并不是发火,有时勇气是在一天结束时,有一个声音低声说:明天我还要再尝试一次。

老师:什么是正念呢？（邀请同学回答）—— 正念是专注地,带着好奇地,带着勇气去追寻你心中在乎的事物。

2. 传授你成为正念勇士的法宝

（1）和情绪怪兽的拔河比赛。

老师:王晓峰最近烦透了学习,一坐在桌子旁边就感到生气和烦闷。他感觉自己正在和情绪的怪物拔河。他想要挣脱恐惧、疑惑和悲伤,但是情绪的怪物总是不让他成功。有时晓峰好像要赢,有时好像要输。他们都在为了胜利而竭尽全力,这场拉锯战持续了好几个小时、好几周、好几年。晓峰越使劲越累,但是总是赢不了。

为了调节情绪,他尝试过各种方法,其中主要和自己有关的就是内部方法如打游戏,和别人有关的是外部方法如欺负别人。

我们是否有和晓峰一样的状态呢？我们都想从恐惧变得无畏,从悲伤变得快乐,从窘迫变得冷静,我们现在的方法可行吗？

请在下面表格中对照自己和自己认识的人的方法打“√”

表4.2　情绪调节策略表

		我		我认识的人	
		是/否做	有/无用	是/否做	有/无用
内部策略	使劲吃东西				
	睡觉逃避感受				
	过度锻炼				
	耽误拖延				
	用白日梦躲避感受				
	躲避与人相处				
	抄别人的作业				
	考试作弊				
	打游戏看电视来逃避				
外部策略	跟人发火				
	逞强				
	表现得满不在乎				
	装消失玩失踪				
	做超级好人试图讨好所有人				
	把对方逐出社交圈				
	说别人坏话				
	打架				
	嘲弄他人				

（2）如何调整你的情绪。

老师：刚刚这场比赛，我们无论如何也没有办法赢得和负面情绪的战斗。人有九种基本感受——欣喜、震惊、悲伤、恐惧、爱、愧疚、愤怒、厌恶、好奇。其中有六种是我们不想要的负面情绪，这说明负面情绪是我们情绪的重要组成部分，拥有负面情绪才说明我们感知情绪的能力是正常的。负面情绪也是一个宝藏，告诉我们在潜藏的情绪背后，是我们的渴望，如感受到和朋友分别的悲伤，背后是我们对一段稳定珍贵友情的渴望；如在被同学欺骗后的愤怒，是表明我们对自己权利的捍卫；考试之前的焦虑，其实是我们希望能够取得好成绩而产生的内在动力。

老师：那怎样才能赢得这场比赛呢？（和学生进行互动）。答案是——扔掉绳子不战而胜。正念勇士的招数是通过不与自己搏斗而变得强壮。这里的法宝就是不和怪兽拔河，也就是放下想要赢的想法，自然就能赢了——也就是能不受情绪的影响，正常地做该做和想做的事情。

老师：以下是几个可能帮助到你的"扔掉绳子"练习，请跟我一起来感受。

A. 觉察你的呼吸。

我们先做一个觉察呼吸的练习。请根据我的指导语做。

用舒服的姿势挺直坐好，把你的双手放到腿上。闭上眼睛或看着你手部的位置。

做平静、缓慢的呼吸。轻柔地通过鼻子吸气，然后呼气。（停顿 10 秒）

现在去注意你的呼吸，觉察空气从鼻腔进入，到达肺部和腹部，然后又从鼻腔呼出。（停顿 20 秒）

感受你吸气和呼气时胸腔和腹部的起伏，保持腹部柔软放松。（停顿 20 秒）

如果你的头脑尝试思考别的事情，请把你的注意力重新带回到呼吸上来。

转移多少次，就多少次把注意力重新转移到呼吸上。

继续呼吸并觉察你的呼吸。（停顿 2 分钟）

做一个缓慢的、深长的呼吸，同时缓慢地睁开眼睛。

B. 感受负面情绪。

请想一件最近不开心的事，感受那种情绪。

像一个好奇的科学家一样去观察它，想象一下这种感觉是个物体，它是液体、固体还是气体？它有多大？它的重量如何？它是什么温度？它是什么形状的？它的颜色如何？它是粗糙的、光滑的、湿润的还是干燥的？

下面请呼吸，让气流进入并围绕在它的周围。想象空气像一只治愈的手，来自护士、父母或是给你温暖的人。看看能否允许这种感觉存在，不必喜欢它，只是允许它。

痛苦的感觉是正常且自然的，这是人类的基本感情。

轻轻拥抱这种感受，就好像这是一个哭泣的婴儿或一只呜咽的小狗。

给感受一点空间，然后把注意力重新带回到呼吸上。慢慢睁开眼睛。

（3）生活中的应用与作业。

老师:大家做完练习身体和情绪有什么样的感觉?请大家觉得什么时候我们需要使用这正念的法宝呢?

（请同学回答:和别人冲突,学习烦躁,遇到难题等。）

作业:本周在家中尝试腹式呼吸和身体扫描。这是我们的法宝一,当出现负面情绪的怪兽时,我们不需要拿起绳子和它拔河,而是把绳子放下,通过呼吸,不战而胜。

总结

我们每个人都有秘密,没有人是完美的。

我们和负面情绪对抗的很多方法都是没有用的。

我们可以用呼吸的方式来帮助你找到内心的平静,放下绳子,不战而胜。

（三）课程二　我的想法

目标

（1）认识到大脑过于概括,过于关注负面信息。

（2）认识到想法的局限性和不可控性。

（3）运用学到的方法与想法和平共处。

工具

学生团体辅导使用手册、笔、PPT

过程

1. 大脑的特点

（1）大脑关注负面信息。

引入故事——四个人谁成了狮子的午餐。

老师:假设在很久以前,我们还生活在被狮子追逐的田野上,共有四个人A、B、C、D:时时刻刻紧绷精神,总是很警惕狮子是不是在身边,即使没有狮子的时候也认为狮子一定藏在身边的A;从来不注意狮子是否在身边,沉浸在自己的白日梦中的B;有时紧绷有时放松但状态不能自己控制的C,可以随时调整自己状态的D。大家认为四个人谁能够生存下来?

我们的很多想法是为了让自己生存,所以总是关注负面信息。因为只有做到 A 或者 D 我们才能生存,所以我们大脑中的想法经常是负面的,它就像是发现问题的机器一直运转。

"我是怎样的自己"练习:

老师:请大家听一听你的大脑在听到以下几个句子时会说什么?

我是个讨人喜欢的人。(大脑会说:昨天妈妈刚刚训了你,你忘了吗?)

我是个惹人喜爱的人。(大脑说:你刚和同学闹了矛盾,你忘了吗?)

我很完美。(举例大脑会反驳,我显然不完美,如果完美,我就不会做错题了,就不会失去朋友了。)

老师:所以由于逃避天敌,大脑对负面信息会特别灵敏,进化而来的我们总是觉得自己有很多问题。虽然现代社会我们不怕被老虎狮子追逐,但是我们的大脑总是关注负面的信息,总是不断搜寻着可能伤害你的事物,而且尝试着解决所有的问题。例如,新冠肺炎疫情期间,我们感受到灾难的临近,由此恐惧灾难,联想到可能导致与灾难相关的各种情境,如自己面临灾难或者亲人面临灾难。这是我们进化而来的自我保护机制运行的结果,是正常且普遍的情况。

(2)大脑过于概括。

我们的想法会把数十年的人生经历过度浓缩,就如同我们上学期写下的对自己的判断。我们看一看里面是不是很多负面句子。大脑也不是很聪明,它总是用特别概括的语言,关注那些负面信息,给我们造成困扰,但我们人生的丰富多彩,远不是几句话可以概括清楚的。

(3)想法是不可控和局限的——四个互动游戏。

A. 现在我们面前有一块刚刚出炉的,香喷喷冒着热气,散发着巧克力香气,软绵细腻的低脂肪蛋糕。现在要求你不要想这一块巧克力蛋糕。接下来的五分钟,请计数你想起了几次这块蛋糕。(数字次数:_____)

我们越不想想一件事,反而越会想到它——想法不可控。

B. 现在有人愿意出一百万元,让你马上感受不到所有的负面情绪,包括悲伤、难过、气愤等等,你可以做到吗?——情绪不可控。

C. 现在拿出你们喝水的杯子放到面前,头脑中默念——改变形状,改变形状,但是杯子并不会因此而变换形状。——想法的局限性。

D. 现在在头脑中和自己说你不能站起来,你绝对不可能站起来,然后行动上请站起来。即使你的想法告诉你不能,也还是可以做到的。——想法的局限性。

老师：所以想法是个奇怪的怪兽，它总是时不时地蹦出来，而且总是吐出过于概括的负面的话，但是它的话虽然干扰我，其实并不能真正伤害我，伤害我的是我相信了它所说的话。虽然我无法战胜它，但是我选择不理睬它，选择做我愿意做的事情，让它像是背景音一样在那儿"张牙舞爪"。我们被伤害，不是因为情绪本身，而是我们总是想要战胜它，赢得比赛。如果我们允许它存在，情绪"怪兽"也不会伤害我们。

2. 正念法宝二——正念观想法

老师：你有很多想法，在这些想法中，有几个想法可能会妨碍你正在做的事，找到它们，把它们写下来。

（1）方法介绍。

A. 趣味重复。

默默对自己说：阻碍我做事的这个想法是"XXXX"，用缓慢的、一会又加快的、各种奇怪语调的方式念出来。虽然它阻碍我做事，感谢头脑有这个想法，因为大家都会有类似的想法，这是正常的。

B. 想象练习。

每当这个想法出现时，想象它们是电视机上正在播放的画面，或者是天空中飞来飞去的小鸟，或者是溪流上漂浮的落叶，你坐在电视前，或者躺在山坡上，或者趴在树下观察着它们（带领学生进行想象练习）。

总结

大脑是过于概括、关注负面的机器。

我们的想法总是让我们相信他说的话，但其实它很局限和不可控。

想法只是想法，并不是真实的自己，我们拥有帮助自己的行动力。

（四）课程三　明白你在乎什么

目标

（1）帮助学生找到自己的价值。

（2）分解出实现价值的目标。

工具

学生团体辅导使用手册，笔，PPT图片

过程

1. 数字游戏——我的生活

老师：随意选择请在 1～10 之间写下 6 个数字。可以重复。

类似飞行棋的玩法，每个数字代表可以走的格数。然后在下图中按照你写的数字从第一格开始走，6 个数字连续走 6 次，看看你给自己设立了怎样的人生。选择图片上你最想要的 6 个选择。

有些人没有认真思考对自己重要的事有哪些，就度过了一生，把人生活成了掷骰子。我们都不喜欢这种对自己的人生失去控制感，由他人掌握自己人生轨迹的感觉。有很多人指导自己要什么，但是却处处担心，不敢对自己的人生施加控制，他们自己告诉自己"这么难，不可能做到！"例如——"如果认真学习就不能出去玩，好讨厌！""虽然学习好能让我去好的学校，未来有更多可选择的美好人生，但是我做不到！"等等。

表4.3　我的生活选择表

开　始	旅　行	成　功	骗别人	受人尊重	失　业	考上好高中	背负巨债
有钱	讨厌自己住的地方	改变世界	考上好大学	坐牢	有创造力	发脾气	总是生病
努力工作	被拒绝	直面困难不逃避	退学	关心照顾别人	做事冲动	认准了目标不放弃	找到理想的爱人
讨厌你的工作	领导别人	赌博	成为老板	犯罪	影响别人	从别人受益	变懒
出名	贫困	有志向	偷盗	帮助别人	结婚	被公司开除	为和平而战
成为小气鬼	有智慧	游戏上瘾	小心谨慎	变得美丽/帅气	被迫说谎	幸福的晚年	惹人讨厌
寻求真理	对别人很挑剔	有可爱的孩子	独自生活	有终身的爱好	学业失败	身体健康	热爱自己的工作
有很多好朋友	和同学/同事相处不愉快	家庭变故	成为老师	退学	收获成长	碰到自然灾害	爱自己

2. 找到我的价值观

老师：价值观是指南针，不会因为暂时失利而消失，价值观永远没有终点。比如说成为一个善良的人，不会因为这一次你没能帮到别人而不再是你的价值观，它永远指导你的方向。而目标不同，目标是可以达成的，有终点。如我的目标是这次期末取得 5 个名次的进步，那这个目标就是可以通过行动达成的。

许多人都没有意识到，他们可以选择反映他们价值观的行动，很多青少年抱怨成年人不给自己选择的机会。下面我们来探索对你的人生，而非你的老师和朋友的人生来说，什么最重要。思考的时候可能会有不适感，没关系，写下你内心的想法，没有好坏之分。

如果你有花不完的钱，你会做什么？（写 6 个）

1	
2	
3	
4	
5	
6	

现在你已经做完了你想要的这些事情。你可能还想做些别的，比如做些有创意的事情，花更多时间和家人相处等。（写 6 个）

1	
2	
3	
4	
5	
6	

对比以上两个答案，你对第二个问题的答案，就是你厌倦花钱以后打算做什么，它们对你很重要，并且有价值，能让你更快乐。

如果有一个魔杖能改变世界，你想改变什么？写出三个。

43

1	
2	
3	

1~10 的数字代表"不重要"到"最重要",请给以下价值观打分。

	1～10 分打分
有勇气	
有创造力	
有智慧	
有冒险精神	
学习	
自律	
开开心心	
有好奇心	
享受美食	
享受娱乐	
有吸引力	
放松	
健康	
为社会做贡献	

打完分后,想一想你打分最高的三个,写下如果朝着这三个方向走,你应该做些什么(具体化 3 件事情)。

如我希望可以有智慧,所以①我这周先把落下的功课完成;②空余的时间阅读一本课外书籍;③和我认为很有智慧的人交流,听听他(她)给我的意见。

表4.4　我的价值—行动表

价值观排名	价值观	行　动	
1		（1）	
		（2）	
		（3）	
2		（1）	
		（2）	
		（3）	
3		（1）	
		（2）	
		（3）	

3. 书写我的未来

想象从现在起算起已经 5 年之后，你已经按照你的三个价值观行动了。写下一路走来，你的三个成功事件，同时写出两件可能的干扰事件。

表4.5　我的未来书写表

成功事件	干扰事件
1.	1.
2.	
3.	2.

4. 他人助力

想象你的偶像或你尊敬的某人，他们是怎样应对干扰事件，如果让他们给你提建议，他们会说些什么。

他（她）对你说的话：

你可能觉得这个练习真傻，因为你的大脑要说服你，你的能力根本没法实现你的梦想，它正盯着你的局限，想尽办法劝说你绝对做不到。这是大脑的谎言。

总结

你是你人生道路的唯一解答者,只有你为自己的人生买单。

你有自己的独立的价值观。

你可以按照价值观付诸行动来帮助你达成目标。

总有各种事情干扰你,此时学会借力很重要,同时不要轻信大脑对你说的话,相信你可以克服困难。

(五)课程四 我是怎样的我

目标

(1)运用观察性自我,了解自己的可塑性和可发展性。

(2)找到自己的优势。

(3)学习善待自己的方式。

工具

学生团体辅导使用手册、笔,PPT

过程

1.数字游戏——我的生活

请在使用手册上分别用一句话写下或画下你在7岁、10岁、现在、35岁和80岁时你的样子和想法。

表4.6 不同阶段的我

	样 子	想 法
7岁		
11岁		
现在		
35岁		
80岁		

你的身体在7岁和35岁有什么差别?你在7岁和80岁时的感受是否一样(如成人的悲伤),你的想法有什么不一样?——人是不断变化的,但是"我"不变,在不断观察不同阶段你的"你",就是观察性自我。你不仅仅是你的想法、你的身体,你是那个知道并能够看到你的想法和身体的人。

2. 预测未来

请让大家思考这是什么？然后围绕"它是什么，它来自哪里，它可能会经历什么，最终它可能会变成什么样子"写下一段关于它的故事。

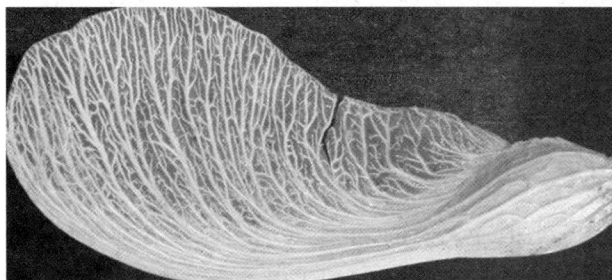

故事：

其实这是枫树的种子。现在它变成了一棵枫树。

也许你早就知道它是一棵树的种子，但是为了这个练习的目的，假设你不知道。枫树的种子根本不像枫树。它那么小，看起来非常奇怪，但是它经历了艳阳天的暴晒，狂风的蹂躏，暴雨的冲刷，严寒的冷酷，病虫的侵害，努力向下扎根，最后竟长成了一棵参天大树。就像人生，我们往往想不到后面发生什么，但我们不断地汲取营养，努力学习，向阳而生，都可以长成大树。当然，也可以是花，可以是鸟，可以是万物。

3. 明白想法只是想法

（1）老师：首先，微笑想象积极的事情，比如和同学一起玩喜欢的游戏——然后想象让你生气的事情，做生气状——然后想象让你悲伤的事情，做悲伤的表情。注意你是怎么改变想法的，但是你的内心深处却保持不变，你就在那里静静地观察。就像是个玻璃杯子，可以盛着药，可以盛着美味（即积极或消极的想法）。你是这个杯子，不是杯子所盛之物。

（2）写下你总是对自己说的消极的话。

```



```

如我很懒惰／我一无是处／我很懦弱。

我一点也不可爱／古怪／冲动／没有热情／不给力／不胜任／不值得／脆弱／坏／异类，不完美／丑陋／平庸／没用，有缺陷等。

（3）每当消极的想法和情绪浮现在眼前，如何做？

现在，每当这些想法浮现在你面前……

首先，深呼吸并放松几次。

其次，对自己说——我有一个想法，这个想法是……（使用明智视角）我知道了，这只是大脑的想法，我不是这个想法所说的样子。它不能阻止我做对我重要的事情。

然后，倾听自己内心的价值观。你值得为自己努力吗？你值得自我关爱

吗？（希望你会）

最后，按照价值观行动。

注：如果你不知道怎么对待自己，就想想当朋友伤心时，你是怎么来安慰他们帮助他们呢？比如一起聊天、听音乐或者散步等。你也可以这样对自己。

4.给自己的一封信

在这封信中，想象你会对一个正陷入挣扎和自我批评的好朋友说些什么？那请用这样的方式写下给自己的一封信。

总结

你是成长和变化的。

你如同天空，可以是晴天可以是阴天，你可以快乐悲伤，可以有积极和消极的想法，重要的是不要轻易相信大脑对自己的负面评价，明白你是谁。

友善对待自己。

五　学生常见心理健康问题的干预—校园活动释放心理负能量

（一）校园心理剧社编剧及展演

内容设计思路

校园心理剧是一种学生喜闻乐见的校园文化形式，通常通过角色扮演唤起参与者、观众相应的情感体验和共鸣，引发个人的自我反思——改变提高自我认知水平，释放心理负能量；提高学生的心理自我调适能力和心理健康水平；展现当代学生丰富的内心世界和生活情境，激发全体学生对自己以及身边的同学心理健康的关注、重视和自我保健，并以此提升到对生命的关注和呵护……

校园心理剧的题材可以是表现学生青春期追逐梦想的迷茫心理,可以是反映校园学习和生活矛盾,可以是反映亲子关系、师生关系、同伴关系等。同学们通过自编、自导、自演的形式,将发生在他们身边熟悉的甚至是亲身经历的故事融入剧中,从中体验心理的细微变化,进而达到情绪情感的合理宣泄、升华,是一种富有成效和极具特色的心理健康教育方式。

校园心理剧社编剧及展演活动在济南明湖中学举行。

成立校园心理剧社

2020 年 7 月初,经济南明湖中学学校领导批准,笔者在学校初一和初二两个年级共 15 个课程实验班招募 23 名学生成立了学生心理剧社:初一 7 班王若曦、张秀怡,8 班朱玉琦、王梓骁,9 班王敏琦、张程博,10 班高宇晨、房筱烨,12 班梁幔伊、郑茗心,13 班李想、许悦,14 班高昊伟、陈涛,15 班孙筠涵、谢雨欣;初二 1 班刘晨冉、张元涛,2 班张楠,8 班顾天悦、代文菲,9 班李昕怡、潘卉舒,10 班胡瑜杰、赵梦瑶,12 班孟文鑫、付鑫慧,13 班刘远家惠、高泽岳……编剧指导教师为优秀语文教师兼学校团委书记郭尚楠老师,笔者担任心理剧展演指导教师,舞台服装及摄像师为赵强老师。

心理剧编剧

1. 时间:2020 年 7 月 19 日—8 月底暑假期间

2. 剧本编写主题

心理剧剧本编写分两个级部分别进行,希望同学们用真心演绎身边的故事,用感动传递心灵的力量。

一年级的同学请从以下四个主题中选择感兴趣的主题,进行心理剧的编写。

(1)亲密亲子关系的策略。

(2)同伴交往之道。

(3)网课与自律。

(4)致敬英雄:爱国、守法、责任。

二年级的同学请从以下四个主题中选择感兴趣的主题,进行心理剧的编写:

(1)异性交往之道。

(2)做情绪的主人。

（3）追求与实现梦想。

（4）游戏，让我忘乎所以。

3. 剧本形式与要求

剧本要紧紧围绕学生在日常生活和学习中所遇到的心理冲突、困惑和应对方式来展开，以表现学生在学习、生活及人际交往中发生的故事。内容健康，积极向上，真实再现家庭、社会、校园生活场景。剧情有起因、发展、高潮和结局。

剧本由学生自主编写，以角色扮演的形式进行表演，每一个剧本的表演时间不超过 12 分钟。主要角色人数控制在 6 人之内。

若剧本为原创作品，应在报名时说明为"原创"，以参评"最佳原创剧本奖"。

4. 优秀剧本的评选时间安排与晋级方式

7 月 19 日	传达心理剧编剧大赛计划
7 月 19 日～7 月 29 日	剧本创作
7 月 30 日下午五点前	剧本提交

通过 QQ 群（济南明湖中学心理剧社）将编写的剧本上传到群文件中。电子版剧本要以"主题＋班级＋姓名"的方式重命名。剧本最后要标注主题，编剧姓名，年级、班级、联系电话。

7 月 31 日～8 月 7 日	剧本评选

分年级进行评选，每个年级保留八个剧本，进入复赛。未进入复赛的剧本颁发参与奖及奖品。

8 月 8 日～8 月 14 日	进入复赛的修改剧本

请进入复赛的剧本按照指导老师所提的建议进行修改，完善。

8 月 15 日下午五点前，复赛剧本提交，通过 QQ 群（济南明湖中学心理剧社）将编写的剧本上传到群文件中。

8 月 16 日～8 月 20 日	剧本评选

分年级进行评选，每个年级保留四个剧本。未进入复赛的剧本颁发奖状及奖品。学校根据第一阶段心理剧剧本编写大赛中评选的八个剧本，筛选确定表演剧本（名额待定）

9 月开学后第二阶段	心理剧展演

5. 心理剧编剧及展演奖项设置

"最佳原创剧本奖"若干

"剧本编写参与奖"若干

"优秀剧本奖"6～8个

"最佳表演奖"

"最佳导演奖"

"最佳男女演员奖"

6. 获奖结果

（1）一等奖："优秀剧本奖"。

颜廷志《网课与自律》

张灵冰《同伴交往之道》

潘卉舒《梦想，放弃不难，但坚持很酷》

孟文鑫《考试紧张焦虑的看过来》

张　　楠《同学，我克服了你考试紧张？你想试试吗》

李昕怡《王涛的游戏之路》；

顾天悦、代文菲《游戏让我忘乎所以》

（2）二等奖："剧本编写参与奖"。

卢雨婷 邵延春《同伴的交往之道》

付鑫慧 王锐研《做情绪的主人》

高泽岳《游戏，让我忘乎所以》

孙一凡《游戏，让我忘乎所以》

高会昊《游戏，让我忘乎所以》

刘晨冉《异性交往之道》

（3）最佳原创剧本奖。

颜廷志《网课与自律》

张灵冰《同伴交往之道》

潘卉舒《梦想，放弃不难，但坚持很酷》

张楠《同学，我克服了你考试紧张？你想试试吗》

李昕怡《王涛的游戏之路》

顾天悦、代文菲《游戏让我忘乎所以》

7. 心理剧的排练及展演

9月,排练心理剧,每周三 9:45～10:10和中午 12:20～13:15,在 4-5楼报告厅室,老师现场指导排练。

10月19日～21日,心理剧社举办首届心理剧现场展演活动,经过现场评委老师和同学们的打分,评比出一等奖三个,二等奖四个及其他奖项,并进行了颁奖。学生在班会时间观看了心理剧视频。

(二)获奖心理剧剧本展示

《梦想,放弃不难,但坚持很酷》

原创,作者:二年级潘卉舒

人物介绍:

陆一白:一个随性洒脱、玩世不恭的同学(男生)

魏辰:文艺委员(女生)

林曦:梦想当一名作家的同学(男生)

苏欣然:弱小,全班最普通、学习成绩中下的同学(女生)

同学甲:很有个性的同学(男生)

旁白(女生)

正文

旁白:也许每个人都有梦想,都有追求,在实现梦想的道路上或许都不是一帆风顺的! 实现梦想是需要很大的毅力的,放弃不难,但坚持很酷!

初三(1)班的同学们,正在辛勤地准备文化节。

教室内:

魏辰(伸了个懒腰,满意地对着黑板报点了点头)说:"我敢保证,这次咱们班的黑板报一定能拿第一! "(随后浅浅一笑)

陆一白(趴在桌子上,调皮地)说:"肯定的呗! 你画的画可是得过咱们全校一等奖的第一名的! "(埋下头,伸了个大拇指,并继续睡觉)

同学甲(起哄地)说:"那是,也不看看是谁! "同学们都笑了。

这时,林曦(朗诵着诗走进了教室):"一片青翠嫩绿的新叶落在了奔流不息的河流中,河流向前奔腾,新叶被带动着打着旋儿。当河流汇入大海时,新叶能变成美丽的童话吗? 能变成传奇的梦幻吗? "(声音略大)

陆一白被林曦吵醒后,不耐烦地对林曦说:"我说林大作家,您现在写的诗

越来越有诗意呢！"（说完便把胳膊搭在了林曦的肩上）

林曦（不经意地把陆一白的胳膊打下来）说："你懂什么，这可是我的梦想、我的追求！将来我可是要当一名作家的！"（说完，耸耸肩，高高昂起头，傲视的目光扫了一遭周围的同学……）

魏辰放下手中的东西走过来说："就是就是，陆一白你知道什么？"

陆一白反击说："魏辰，你什么意思？"

魏辰（不理陆一白）说："以后我的梦想是当一名画家，去环游世界各地！你呢，陆一白？"

陆一白（摸了摸头，皱了一下眉）说："哼！梦想？搞得和谁没梦想似的！"（转了个身继续）说："我以后可是国家级运动员！"

同学甲（拍了拍陆一白的肩）说："国家级？嘁！省省吧，来点实际的，我将来想当一名摄影师，这是我的梦想！"

苏欣然突然弱弱地冒出来说："我想有机会去巴黎工作，这是我的梦想。"

教室里突然一片安静，过了一会儿。

同学甲（看向苏欣然嘲笑的）说："这也算梦想？"

魏辰尴尬地说："散了散了，该干吗干吗去。"

旁白：

十多年后，几位多年没见的初中同学聚到了一起，聊起了一些陈年过往的经历。

陆一白（整理衣服，成熟地）说："这么多年没见了，不知大家都还好吗？最近都在忙些什么呢？"

大家面面相觑，不说话，过了一会儿。

林曦（低落，语气沉重地）说："哎，不就那样吗，在一家还算凑合的私人公司上班，天天都面对着电脑，干着重复的工作！"

魏辰（抓紧问）："我记得你之前不是一直在写作吗？初中那会儿还说要当一名作家呢！"

陆一白："魏辰咱别光说林曦了，你呢？这些年怎么没弄你那些画了？"

魏辰（叹了一口气）说："如果当年我一直坚持画画的话，现在哪会这样？我现在一事无成，在一家咖啡店里当服务员。"

林曦："哎，别说了，要是当年我一直不放弃写作，现在也不用总是做一些毫无创造的工作，单调重复，枯燥乏味，一辈子看不到头！"

这时，苏欣然（走进包间不好意思得）说："不好意思，我迟到了，我是苏欣然。"大家看向苏欣然。

陆一白（惊讶地问）："哇！苏欣然，你变了许多哎！最近在忙些什么呢？"

苏欣然（微笑带有气质地）说："陆一白你也变了许多，成熟了好多，不那么玩世不恭了呢！""我啊，一直学习，不是学习就是走在学习的路上。高考成绩不太理想，考入了一所中法合作办学的三本院校，后来在法国读完本科又读完了硕士课程，终于实现了儿时的梦想，在巴黎已经工作了三年，最近刚刚回国！"

林曦惊讶地问："不是吧苏欣然？你初中那会儿还是我们这些人里成绩最差的一个呢，怎么就？"

魏辰（挽住苏欣然的胳膊）说："就是啊！苏欣然你怎么做到的？！"

苏欣然说："没什么，就是一直咬牙坚持。法国大学学费高昂，申上也可能上不起，担心拖累父母太多想要放弃，但我很感恩我的父母，父母说机会难得，砸锅卖铁也要支持我，卖掉一套市中心的房子才凑够了这几年的学费和生活费。在法国学习的第一年特别难熬，语言不过关，既学法语又学专业课，真是披星戴月，累得要吐血，想放弃哪敢呀，上百万的钱不能打水漂啊！一年后才缓过劲来，有时间就去勤工俭学。此外还有各种饮食、交友等各种生活习惯的不适应。最难的是想家，生病时想家、想父母；每逢佳节倍思亲，过节的时候想家，想念父母，想念父母做的饭，想念同学们……那种孤独寂寞你们没有经历过的人是体会不到的，无数次要放弃，买机票回国，但想到不拿到毕业证无颜面对父母，想到自己多年的梦想不能倒在最后的这一步……坚持，咬牙坚持，为实现自己当年的梦想，不达目标不罢休！"（向前走一步说）："人要有梦想，梦想就是灯塔，指引我人生之路；理想的实现没有捷径，一步一个脚印，来一个困难克服一个困难，就朝目标近了一步，来十个困难，就消灭十个困难（目光坚定，声音逐渐高昂）！克服困难越多，代表着离目标越近！永不放弃（语气斩钉截铁，握紧拳头）！唯有这样，我们才能有权力选择，有权力选择自己想要的生活，趋近有可能随心所欲的自己！"

旁白：

我们每个人都要努力追求和实现自己的梦想，这样才能有个好未来！

《同学，我克服了考试紧张？你想试试吗》

原创，作者：二年级张楠

故事梗概：陌小冉考试紧张经常发挥失常，最后通过亲人和朋友的开导找到了适合自己调节情绪的方式,成为情绪的主人,顺利克服考试紧张难题。

主要人物:陌小冉(主角),苏晴,班长,陌母,小胖,李华,

旁白:距离地生学考只剩两天时间,同学们正在积极备考。

(开幕)几位同学陆续走进教室

小胖:李华,你等会再写,你先说你昨天干啥了? 都不回我信息。

(李华不语,低头背诵)

班长:(拍了拍小胖)安静点。

(小胖点点头,开始左顾右盼)

(陌小冉走进教室)

小胖:(不经意间地惊喜)诶,小陌,你咋才来啊。

(陌小冉坐下,同学涌过来)

小胖:(转过身来,胳膊拄着桌子,手托着腮)小陌,这是怎么了? 怎么前两天考试都没来啊?

同学甲:(兴致勃勃地)对啊,如果你来考试的话,那我还进不了前十,我是不是还得感谢你啊。

苏晴:小冉,你好点了吗?

同学乙:对啊,你生病了吗?

(上课铃响)

众学生:对啊,啥病啊? 都不来考试了。

(班长起立)班长:行了行了,别围着小冉了,都回座位,打上课铃了。明天就考试了,抓紧复习吧。

第二天早上

(陌小冉进入考场候场区,嗓子感觉就要冒烟一样,开始急促咽口水,握紧拳头)

苏晴:(向陌小冉招手)小冉,我们在这!

(陌小冉握紧拳头走过去,坐下)

苏晴:诶呀,我都要紧张死了,一会就要考试了,我感觉脑子一片空白。

班长:(翻书)我也是,我再看几个知识点。

小胖:(左顾右盼)这么点时间了还看得进去啥。(转头)诶,小陌,你复习咋样啊?

陌小冉:(抬头)还好吧,我也不确定。你看起来倒复习得很好啊,这么泰然

自若。

小胖:(挠头,笑)这有啥好紧张的,我都不紧张,你紧张啥啊? 这都是小考试,再说了,咱都写了那么多卷子了,它能难成啥样?

同学甲:(放下书,抬头,拍拍小胖肩膀)看,咱胖哥心态真好!

小胖:去去去,哪都有你。

(陌小冉紧抓裤腿,脸色有些苍白)

班长:小冉,你怎么了? 看起来不舒服。

陌小冉:(有气无力)没事。

(广播:现在请二楼的考生带好准考证、水杯和考试用具进入考场)

(众学生起立,向外走)

陌小冉喃喃自语:(慢慢走向考场)现在更难受了,要进入考场了,如果这次考试再不参加的话,那可怎么上高中啊!

(陌小冉坐在台阶上,双腿抱着膝盖开始回忆)

(灯光打黑开始回忆)

陌母:(拿着水杯递给陌小冉,挨着她坐在沙发上)冉冉,我现在知道了,你难受是因为紧张。

陌小冉:(接过水杯,皱起眉头,疑惑的表情)我不紧张啊,我紧张什么呀?

陌母:那你自己好好想一想,你是不是每次难受的时候都是因为自己害怕做不好? 害怕被批评? 害怕考试? 每次都感觉心里很堵,就像有块石头压着一样?

陌小冉:(若有所思地点点头)妈妈,你这么一说,好像是这么回事。那我应该怎么办啊?

陌母:你可以做做深呼吸,放松一下,不让自己想这件事,看看会不会好一点。(灯光打亮,陌小冉站起来)

陌小冉自言自语:对,老师也教过我们如何呼吸放松训练,深呼吸……

(陌小冉开始做深呼吸)

陌小冉自言自语:没什么大不了的,你已经都复习好了,陌小冉,加油! 我相信你可以的! 你是最棒的!

班长:小冉,你咋还在这呢? 走走走,赶紧去考场。

苏晴:快走,快走,加油!

(进入考场)

旁白:时间一点点流逝,烈阳也偷望校园最后一眼,陌小冉最终也找到了适合自己的调节方式,顺利考完了这次测试。

(考生走出考场)

小胖:(伸懒腰)考完了,该放松放松了。

(手搭上李华的肩膀)李华,下午打篮球去吗?

李华:好啊,下午四点篮球场见。

(小胖和李华渐渐离场)

(陌小冉、苏晴、班长三人并排走)

苏晴:哎呀,这次题真的是太难了!我都没见过这种题。

班长:对啊,小冉,你觉得呢?

陌小冉:我也觉得挺难的,不过我还挺高兴的,因为我会做的题都写上了,不像以前考试时紧张得把会做的题都忘得一干二净,好像我克服了自己的心理难题。

班长,苏晴:(探头看向陌小冉)真的啊?你克服了啥心理难题啊?

陌小冉:一考试就紧张,考试焦虑症啊!好啦好啦,都考完了就不要再说了,回家喽!

(闭幕)

旁白:人生是闯出来的,就像处在青春期的我们,情绪好像不受我们的控制,遇到这个难关,相信我们都能找到适合自己的方法,这个过程也许会有些艰难,但只要我们不放弃,奇迹迟早会入场!

同学,同学,我克服了你考试紧张?你想试试吗?如果你考试紧张,我教你三招,自我暗示激励自我,呼吸放松训练放松自己,平时认真学习准备充分,其中充足的实力是克服考试紧张最重要的法宝,你记住了吗?祝福同学们轻松应考,考试顺利!

指导老师评语:

剧本写得很接地气,很符合同学们的心态,也很贴合主题。

修改建议:

将一些人物心理,场景介绍以旁白的形式展现。

剧本略显单薄,看看能不能充实一下。

修改的部分一定用红笔,按时再提交。

同伴交往之道

作者：一年级 张灵冰

人物介绍：

陈晓：学习成绩优异，为了能受到母亲的表扬而努力学习，性格直爽、有时会开一些小玩笑，但不擅于表达自己，在班级中常常被误认为嚣张跋扈，最后还是接受了这一事实，很少与同学交流；因成绩优异备受各科老师的青睐，却也因为性格，在同学中常不受待见，且没有交心的朋友。

李倩：学习成绩忽高忽低，不稳定，性格锲而不舍、乐于助人、善于表达自己，在老师心中为学习上的一匹"黑马"，同时在同学心中为不可多得的倾诉好友，在班级中备受欢迎。

班主任：陈晓的新班主任兼数学老师，是学校中教龄最长的教师，以和蔼可亲的面容及风趣幽默的课堂氛围而备受老师及学生的喜爱。

陈晓母亲：好面子，常常以严厉的要求来要求陈晓，以实现自己对陈晓的期望，让自己在家庭聚会中成为焦点，却忘记在陈晓的角度思考问题，强制陈晓实行她的交友规则——"和成绩好的同学多交流，少接触成绩差的同学"。

班长：学习成绩优异，在班级中十分有威望和亲和力，是老师管理班级的得力助手，同学对他的管理也毫无怨言。

正文：

（第一幕）

地点：陈晓的家中

时间：期中考试成绩发布后的晚上

（咚咚）（敲门的声音）

陈晓：妈妈，我回来了。（语气中有着少许敬畏）

陈晓母亲：来了来了。

（一进门，陈晓就将攥得皱皱巴巴的试卷和家长会通知单一股脑地交给了妈妈）

（陈晓母亲看着那几张纸，接过去后笑容逐渐消失，随之而来的是母亲紧皱的眉头）

陈晓：额……妈妈，先别生气，这次期末考试是……（声音越来越小）

陈晓母亲：是？是什么？你又有什么理由来搪塞我？（说着陈晓母亲说话声音越来越大，气得将试卷狠狠地拍在了桌子上）

（砰）

陈晓的眼泪在眼眶中打转，头不敢抬起来。

陈晓母亲看着陈晓的样子，仿佛猜到了什么。

陈晓母亲：是不是又有人在你课间的时候来找你出来玩？

陈晓：没……没有。

陈晓母亲：呵，你说谎结巴的毛病，我又不是不知道。又是那个李倩吧？陈晓，你要知道你与她是不一样的，你是要冲刺省重点的，因为她而荒废了你的学习，你后悔也来不及。别再让我知道你和任何人说和学习无关的事。最好呀，也不要和他们说话，离他们远远的。我知道这可能对你有些苛刻，但妈妈是过来人，听妈妈的没错的。妈妈供你上学，可不是让你到学校去交朋友的，是为了让你有个好的学习氛围安心学习。我这是为你好，当你进入优秀的大学，你还会愁交不到朋友吗？你明白吗？（语气中有了些许缓和）

陈晓：明……明白了。（说着陈晓回到了她的房间里，关上了门，眼泪止不住地在脸庞滑落）

陈晓妈妈：家长会通知单我看了，你爸爸忙，我去给你开家长会。

陈晓：知道……了。

陈晓内心活动：为什么？为什么？我已经这么努力了，还得不到妈妈的赞赏。你难道不知道吗？我在学校里连个真正能倾诉的朋友都没有，好不容易李倩最近才与我讲话，却又要因为她的成绩而让我又去疏远她。成绩，成绩，又是成绩！妈妈，如果有一次能与你真心的交谈的机会，真的想去问，成绩对于你或是对于我真的那么重要？重要到成为我交友方面一条最不可违背的法则吗？

（第二幕）

地点：学校

时间：第二天

班主任：今天我们学完了二次根式的运算，这是全书中最难理解的一部分内容。课上我讲到的那几道题，下午我会抽查，让同学讲解题的思路。我看班长和陈晓课上表现很积极，这些题肯定也会。课下就麻烦班长与陈晓牺牲课余时间来给你们讲一下，希望我在下午抽到的幸运同学，不要对题目有了别样的理解哈。

（班级里鸦雀无声）

班主任:怎么?连班主任的课都不捧场?

(哈哈哈哈哈哈)(显然是尴笑)

下课后,多半同学把班长的座位围得水泄不通,相反,同样被老师"钦点"的陈晓四周显得有些冷清。

陈晓拿出杯子,喝了口水,内心独白:看着别人身旁有着无数的小伙伴,然而自己却一个人冷清清地坐在椅子上,对着桌子上一张又一张没有生命的纸张——这就是妈妈想让我拥有的学习氛围吗?这个氛围我不喜欢,我不要。妈妈,无数次我想要逃出你给我画下的"小世界"、"小牢笼"。看看,我活在你所谓的氧气罩外的世界,你一次又一次扑灭我的幻想。妈妈,你的决定都是正确的吗?成绩与友情,我该拿起那个?

李倩走了过来,一手抱着数学书,而落落大方的笑容是陈晓多么渴望拥有的啊!

陈晓看着那笑容愣住了神,陈晓的内心活动:笑?她为什么笑啊?不应该啊,这次期中考试我记得她明明退步了哇?还是她遇见了什么好事?也不像啊?

(砰砰)李倩用数学书敲了敲陈晓的桌子,陈晓这才回过神来。

李倩:呦呵,大学霸竟然走神了,还让我这个小喇叭看见了,是不是该贿赂贿赂我呀?给我讲讲这个题,我就大人有大量,不记你小人过,怎么样?够大度吧?

陈晓想都没想,说:没空!

李倩像是没听见似的,自顾自地把数学书放在了陈晓的桌子上,说:讲讲呗?大学霸?

陈晓内心活动:我……没错,我需要一个像李倩这样的朋友。

去抽屉里拿笔一不留意,把桌子上的水杯碰倒了,那水却还浸透了李倩的数学书。两人回过神来,数学书已经无力回天了,上面李倩记的笔记丝毫也看不出他以前的样子了。

李倩:不愿意讲就不讲,我去找别人就是了,干吗还要弄湿我的书?我原本以为你只是不爱说话罢了,所以不合群,还想与你多说说话,交个朋友,却没想到你是这样的人,摆什么架子,不就是学习好点吗?今天我找你讲题,算我倒霉。(语气从生气到歇斯底里地喊叫。)

陈晓:李倩!李倩!不是这样的,你听我解释啊!

其他同学闻声赶来,听完李倩一段话后,不等陈晓解释,他们就对陈晓声讨,让陈晓给李倩道歉。

同学甲：李倩这么好的人都被你陷害，活该没人找你讲题。

同学乙：谁说不是呢？狗眼看人低。

同学丙：就是就是，摆什么架子？弄湿了别人的书竟然连句对不起都没有，看来大学霸的家教不怎么好啊！

陈晓（也耐不住了）：怎么了？怎么了？这是我与她之间的事，孰黑孰白还不清楚，凭什么就让我道歉？

同学甲（指了指桌子上的杯子）：这难道不是证据吗？有什么可狡辩的？你就是不愿意帮李倩，害怕他下次成绩超过你，才故意弄湿她的数学书。你成绩好，受老师青睐又怎么样？你看看，这里哪个是你的朋友？又有哪个为你说话的？

同学乙：书都泡坏了，这让人家可怎么用啊？

同学丙：哎哟，人家是大学霸呢！我们呀，可惹不起，大家说是不是啊？

陈晓：什么理论？我……我才没有，你们爱信不信！（眼泪在眼眶中打转）

说完陈晓拿出纸巾擦擦桌子，却没想到不小心把浸湿的纸巾扔在了垃圾篓外面的地面上。"真倒霉"，陈晓一边愤愤地自言自语，一边起身把纸巾捡起放进了垃圾篓，又坐回座位上。

同学甲：既然不道歉，那李倩的书也不能白湿啊！

陈晓：你……你们。我怎么会有你们这样的同学？（带了些哭腔）

这声音也把刚才讲题的班长吸引了过来。正要当双方矜持不下时，班长站了出来。

班长：让一让，在教室里吵什么？难道要聚众打架不成？还是将这"光荣事迹"告诉班主任，让她也高兴高兴吗？这件事我已经知道了，我会想办法解决，也不用你们在这里体现团队精神啊！都散了吧，散了吧。

同学甲：班长，可一定让这个伪君子离开我们班，我们班小，容不得这尊大佛！

班长：好了，好了。

班主任：都在干什么呢？聚在一起，是学习吗？还是要打架啊？

班主任一说话，起哄的同学赶忙回去。

班长见陈晓默不作声，班主任也来了，更也瞒不住了，站起来说：老师，可以出来说吗？

班主任与班长一出门，教室里一片窃窃私语，陈晓也零零碎碎地听见了几句。

同学甲:真是敢做不敢当,还让班长帮她跟老师说。

同学乙:可不是嘛,还真是便宜她了。

……

班主任:说什么呢? 陈晓你出来,班长你回去吧。

陈晓在一片鄙夷的眼神中走了出去。

陈晓内心独白:怎么办? 我该怎么办? 我真的不是故意的,为什么没有一个人为我说话? 我会不会被老师训斥? 我还能在班里立足吗? 我妈妈知道后会不会更坚定不让我与她们玩耍的决定吗? 我不会在学校一直这么孤单吧? 怎么会这样? 明明这么一件小事,怎么演变成这样了? 谁能告诉我该怎么办啊?

班主任:我相信你不是故意的,抛开这个问题。班长给我说了一个情况,你在班里没有朋友,对吗?

陈晓:是……不……不是的。

陈晓内心活动:是他,是她,还有他,都是因为你们! 我在老师面前的形象倒塌了。我该怎么去面对老师呢?

班主任:陈晓,不用遮掩,更别担心。我可以成为你的朋友吗?

陈晓(眼中闪着光,又惊又喜地):当然可以。

班主任:作为朋友,我是会站在你的身边的。同时,你也可以敞开心扉地与我交谈这件事中你的看法。你不会嫌弃我比你老很多吧?

陈晓:不不不! 老师,你真的愿意做我的朋友吗? 我真的可以成为你的朋友吗?

沉思了一会儿……

陈晓:那为什么您可以成为我的朋友,而和我相处了一年的同学们却不愿意和我一起玩,反而在我有困难时,站在了我的对立面?

班主任:你想和这些同学成为朋友? (陈晓点了点头)那我们就一起想办法。

陈晓:那我又该怎么做啊?

班主任(拍了拍陈晓的肩膀):陈晓,我问你,你的成绩这么优秀,背后肯定下了很多功夫吧? 交朋友亦是如此,需要真心付出努力。

陈晓:努力? 可……我想去帮助李倩来增进我们关系时,却因为自己一个小失误,导致李倩的书湿了,也导致了别人对我的误解。这……哎,真是进退两难!

班主任:那你应该去反省一下自己,是自己的哪些行为让他们误会你?孩子,回去想想吧,先解开这道难题!

陈晓:老师……其实,我……我已经发现了。但我可能在这个分岔路口停留了太久了,直到现在,我也拿不定主意。

班主任:哦?是什么?说来听听。

陈晓:这还得从我妈妈讲起。我的妈妈是个很要面子的人,每次回老家,我的成绩就成了我妈妈炫耀的资本。为了我的学习,妈妈给我报辅导班来排满我的所有课余时间。这次考试成绩下降后,妈妈诉了几句苦,我也明白妈妈的难处。但……为了妈妈,我的生活无非是学习,学习,还有学习!最让我无法接受的是,在我妈妈的价值观中,学习比我好的就是好学生,比我差的便是坏学生,且无论是好的、坏的学生都不允许我交朋友,说花时间和同学一起玩会耽误学习。小时候,我还听妈妈的,但现在我……大了,我不喜欢现在的生活,我想和很多同学一起玩,老师你说是吗?

班主任:我教书也有十几年了,也见过不少的家长。学习,得到的不过是成绩,以及你进入高校的凭据。家长呢,是你人生漫漫长路上的陪伴者,而不是规划者。你呢,是实践者,可以采纳陪伴者的意见,但决定权在你自己的手中。我的意见是,你妈妈给你的规划不一定适合你,做你自己,为了自己学习,为自己生活,为自己做出改变——去交朋友。

陈晓:我可以吗?他们会接纳我吗?(陈晓用手把委屈的眼泪擦干,眼神中流露着恳切)

班主任:只要你做出改变,会,他们会接纳你的。抛开你父母强加给你的交友法则,你的朋友需要你自己去争取,去试着与他们解开心结,试着与他们聊天。行动最有力量!再多的渴望,毫无行动,也就等于零,一切还是毫无改变。误会不是短时间形成的,解除同学们的误会需要的是你长时间的行动。老师作为朋友,会在你身后鼓励你,帮着你,陪着你。现在你需要解决当下的问题,让大家知道书不是你故意弄湿的,解开误会,也让李倩原谅你。(班主任又亲切地拍了拍陈晓的肩膀)

陈晓:我明白了,谢谢老师,我会按你说的去做的,行动最有力量。(陈晓说完对着老师深深地鞠了一躬)

班主任:好孩子,快去上课吧。(班主任摸了摸陈晓的头)

(叮铃铃)

第二节课下课,陈晓还在收书,同学甲、乙、丙便来了。

为首的同学甲说:看来老班训你了,你想怎样给李倩道歉啊!不会真的把数学书给他吧? 你可别多想,当时我只是气你才说这句话的,可别放在心上啊!

陈晓:你这气话说中了我的想法,我正想把书拿给李倩呢! (说着陈晓拿出了书,往李倩那走去)

同学乙:不会吧! 她……竟然去给李倩道歉,太不可思议了! (同学丙掐了一下同学乙)

同学乙:你干吗?

同学丙:疼吗?

同学乙:当然疼!

同学甲:看来,不是做梦。但我怎么看,都这么难以置信。

同学乙:她不是平常不与其他人说话的吗? 这次她主动去跟别人道歉,的确算是个稀罕事。

同学乙:走,去看看。

陈晓:李倩,对不起! 原谅我弄湿你的书,我不是故意的。喏,这是我的书,我赔给你。

李倩:没事,我不用你赔。(语速极快)

陈晓:我知道,你的气还没消。弄湿你的书是我的错,但……但…… (陈晓一时间不知怎么说,气氛有些尴尬)

同学丙:这……难道她没想好理由吗?

同学乙:真让人心急! 我真想冲上去替他说了!

同学甲:别急,再看看。

李倩:但是什么?

陈晓:但是……真的不像他们说的,我……我嫉妒你才用水来弄湿你的书的,我真的不是故意的,你可要相信我啊! 这件事,真的对不起。

李倩:嗨,我刚想去找你来着。我当时就是头脑一热,才说了这样伤你心的话,话一出口我就后悔了。数学书湿了不要紧,晾晒一下还可以用,我就不要你的书了。你如果想将功补过,可以帮我讲题,不难吧? 这样行吗,你答应我的条件我就原谅你。

陈晓:你当时说我摆……摆……架子,还说找我讲题你会会……倒霉?

李倩(幽默地双手合起在胸前做讨饶的可怜状):对不起,陈晓,我不该那么说你。气话,气话嘛!

李倩(停顿了一下,调侃陈晓):我竟没想到在学习方面侃侃而谈的大学霸,道个歉竟还磕巴!

同学甲:谁说不是呢!

同学乙:连我们都吓到了!

同学丙:听陈晓讲题?算上我们呗!

众同学围着陈晓听她讲题,不一会儿,陈晓教会了周围的同学。

李倩(调侃陈晓):对了,你吃了什么灵丹妙药,竟主动过来和我们说话?这可不像你平常的风格。大学霸,说说吧!

陈晓:秘密,嘿嘿!

李倩:到底是什么啊?

陈晓:追上我,我就告诉你!

同学甲:我们4个人,肯定有人能追上你!你就乖乖解释吧。

陈晓:我等着哈!

(三)校园舞蹈社展演

建立校园舞蹈社思路

舞蹈是学生们喜闻乐见的校园文化形式,是力与美的结合,是体育和艺术的结合,是一种文明高雅的活动。从访谈得知,很多学生以前有学习舞蹈,甚至舞蹈获奖的经历。给这些学生舞蹈的机会,使学生们在音乐节拍的律动中旋转、跳跃、锻炼、放松;或转移注意力,从焦虑、抑郁等不良情绪中走出来,重新变得乐观开朗;或实现情绪情感的合理宣泄、升华,同时唤醒他们的自信心和奋发向上的精神,使他们更加热爱生活,增强生命的张力韧性……舞蹈,无疑是一种富有成效的心理健康教育方式。

站在爱舞蹈的学生们的视角进行遐想:远离学习场所,在学校舞蹈社边听音乐边练习跳舞,在闲暇时间还能和一群志同道合的同学在一起嬉笑打闹,没有学习的压力,这对孩子们多有吸引力,孩子们该多么欢喜呀!

成立舞蹈社

2020年7月初,经学校同意,在全校初一和初二两个年级招募38人成立了舞蹈社,舞蹈指导教师为段宗花老师和刘敬芳老师,舞台服装及摄像师为赵强老师。

舞蹈内容与形式

1. 时间

2020 年 7 月～9 月。

2. 内容

学习四个舞蹈:网红舞蹈《缘分一道桥》、校园流行舞蹈《你笑起来真好看》、湖南卫视综艺开场舞节选《乘风破浪的姐姐》、律动迪斯科舞蹈《阿拉伯之夜》。

3. 形式

老师线上发布周任务和舞蹈教学视频,学生线上自学并排练,每周提交舞蹈视频作业,老师进行线上指导。

舞蹈活动安排

7 月 27 日～7 月 29 日,学生提交舞蹈视频作品参加选拔赛,QQ 群公布入选名单,指导教师线上指导,未被选上的舞者发优秀参与者奖。

7 月 30 日～8 月 11 日,学生提交第二段舞蹈视频作品,QQ 群公布优秀舞者名单,发证书和奖品。

8 月 12 日～8 月 21 日,线上评比第三段舞蹈视频作品,QQ 群公布优秀舞者名单,发证书和奖品。

8 月 22 日～8 月 28 日,线上评比第四段舞蹈视频作品,QQ 群公布优秀舞者名单,发证书和奖品。

以上视频文件以"班级＋姓名＋联系电话"的方式重命名。

9 月 1 日～10 月 19 日,择优选拔成立学校舞蹈队,参加排练及展演活动。

优秀舞者评分标准

对舞蹈的律动理解准确,富有节奏感;动作协调流畅,表现力和技巧性强;对音乐和舞蹈的情感把握到位,舞台感染力强。

奖项设置

"舞状元"一名(一等奖)　　　颁发证书及奖品

"舞榜眼"一名(二等奖)　　　颁发证书及奖品

"舞探花"两名(三等奖)　　　颁发证书及奖品

"舞林高手"十名　　　　　　颁发证书及奖品

其他优秀舞者若干名……

舞蹈社活动的应用

根据学校安排,学校舞蹈队员要教授一、二年级学生跳舞,全校大课间活动时间先跳舞,后跑步或做操。

舞蹈社的舞者们很快教会了全校 1500 名学生跳节奏欢快的舞蹈《阿拉伯之夜》,在 2020 年 9 月后的近三年的课间操时间里,在济南明湖中学的操场上,欢快的舞蹈陪伴孩子们度过了新冠肆虐的春夏秋冬。

(四)心理健康教育课程

心理应激课程

1. 目标

明确课程目标,增进师生关系、生生关系。

总结回顾暑期生活和生活相关的感受、收获和遗憾。清理非正常事件带来的"情绪创伤",开展心理应激课程,为开启新学期,重整旗鼓做准备。

2. 工具

纸笔,放松的音乐

3. 过程

(1)开场——明确课程要求 + 雨点变奏曲(6 分钟)。

我们现在进行的是心理健康教育课程,请大家认真听,你们的分享将保密和获得尊重。请大家不要评判每个的想法是对是错,是好是坏,而是带着好奇的眼光,像是一个勇士踏入新的征程,感受我们这节课程。我们的课程就像是教会大家开车,它不会规定你该往哪里走,而是要教你该怎么走。你需要裁定生命究竟归属何处,你的人生是属于你自己的。

雨点变奏曲:

A. 让所有学生利用身体的任何部分碰撞发出两种以上的声音。(会发现学生会发出各种各样的声音出来,场面一片混乱)

B. 让所有学生以自己认为最擅长的方式发出声音。(这时,会发现学生的声音会进行汇合,形成几个主流的声音。)

C. 引导大家渐渐形成四种声音发生的方式。

我们一起来做个游戏:请全体起立,伸出双手,手背敲手背;用一个手的食指和中指敲另一手掌,接着双手用力鼓掌,再来跺跺脚……

我们利用一种自然界的现象来使我们发出的声音变得美妙动听,想象一下,我们发出的声音和下雨会不会有许多相似的地方。

"小雨"——用一个手的食指中指敲另一手掌;

"中雨"——手背敲手背;

"大雨"——大力鼓掌;

"暴雨"——跺脚,鼓掌,尖叫。

D. 如何将我们发出的声音变成有节奏的东西呢?刚才的声音有点乱,我们一起用声音来描绘一曲《雨点变奏曲》。

引导语:天空灰蒙蒙的,开始下小雨,渐渐地,小雨变成中雨,中雨变成大雨,大雨又变成暴雨,暴雨又变成大雨,大雨变成中雨,又渐渐变成小雨。慢慢地,雨停了……最后雨过天晴。

随着不断变化的手势,让学生发出的声音不断变化,场面会非常热烈。

(2)画出我的假期生活(7分钟绘画+5分钟分享)。

结束了游戏的环节,下面我们来进行下一个活动。请大家拿出纸笔,用4个格子画出你的假期生活,包括我在哪里,做了什么,有什么样的感受和反应,然后进行小组分享。

用画笔画下你的假期生活。

有一样经历、一样困惑的同学请举手!

每个人和别人的假期生活都不同,这都是正常的。

(3)请在以下的每一列,选择你假期期间出现的反应,在它后面打√(5分钟)。

在这么长的假期里,我们经历了很多事情,可能有很多的感受、想法。新冠肺炎疫情等非正常事件下有些企业可能关张、裁员、阶段性减薪;有些你喜欢去的地方去不了,想见的人见不到;家中网课学习非常不适应,和父母长时间相处,这段时间你可能感觉生活发生了很多变化。这些变化对我们的情绪情感产生了很大影响。

请你在身心反应表中找出自己的身心反应,也可以补充你自己的其他反应,只要是符合你的反应都打√。(稍微解释一下四种反应。让学生有机会抒发和合理化他们感受到的情绪,也听听同学相似的感受,带领着进行反应正常化教育)。

表5.1　身心反应表

	情绪反应(√)	认知反应/注意力(√)	行为反应(√)
头疼 恶心 睡不好 拉肚子 心跳加快 头部疼 背部疼	紧张 焦虑 担心 害怕 难过 愤怒 孤独 失望 烦躁	注意力不集中 不想学习 责怪自己 意识模糊 容易忘记东西	睡眠失调 不想吃饭 害怕和别人交流 做噩梦/怕死 睡不着觉 哭泣

(4)我做了哪些应对来调节出现的反应(5分钟)。

表5.2　身心反应应对方法表

	反　应	应对方法
生理	头疼	
	恶心	
	睡不好	
	拉肚子	
	心跳加快	
	头部疼	
	背部疼	

续表

	反　应	应对方法
情绪	紧张	
	焦虑	
	担心	
	害怕	
	难过	
	愤怒	
	孤独	
	失望	
	烦躁	
认知	注意力不集中	
	不想学习	
	责怪自己	
	意识模糊	
	容易忘记东西	
行为	睡眠失调	
	不想吃饭	
	害怕和别人交流	
	做噩梦／怕死	
	睡不着觉	
	哭泣	

　　请同学们互相分享,举出一个例子,如"难过",通过很多人举手表明这个情绪出现的普遍性和正常性。

　　老师总结各种反应出现的普遍性和正常性——这是我们进化来的面对危险时的正常反应,让我们做好准备逃跑或者战斗,有这些反应表明我们很健康。同时,因为我们都是不同的个体,所以每个人都有自己的反应,没有两个人的反应是完全相同的,这是很正常的反应。

　　请大家在你的反应后面写下——有这些反应是正常的,我接受自己有这些反应。

（5）思考讨论积极应对策略——头脑风暴（讨论 8 分钟，分享 8 分钟）。

小组讨论：请同学们在刚刚打钩的反应后面，写下你们做了哪些方法来帮助自己调节这些反应，左边一列——好的方法，右边一列——坏的方法。最后，请大家总结出属于你们小组的积极应对书，派出一个同学分享。

表5.3　调节反应方法表

好的方法	不好的方法
如：害怕—和好朋友聊天	如：不想学习—沉迷玩游戏

（6）新冠肺炎疫情或其他非正常事件下我想说的话。

在放松的音乐下，让学生想象一位智慧老人的形象——请你闭上眼睛，放松全身，把你最想说的话告诉他（默默地），然后静静听他说，老人会和你说什么？

（7）学完这个单元，你想说些什么，做些什么：

（8）老师总结。

A. 所有反应都是正常的，我们接纳自己没有做好的部分。

B. 我们发现有一些方法有积极的作用，找到这些方法。

C. 继续在生活中寻找和使用适合你的方法。

D. 记住智慧的老人的话，你有自己生活的答案。

建立友谊课程

1. 目标

明白得到朋友的唯一途径是给人友谊。

学会如何才能找到朋友。

2. 工具

纸、笔、PPT

3. 过程

（1）引入。

我们每个人都需要朋友,可能是班里面的朋友,也可能是在网上认识的人。建立友谊是找到愿意与你分享兴趣并相处的人。我们可能发现拥有好朋友和维持友谊不是很容易的事,其实每个人都是这样,我们终生都要学习友谊是怎么回事。

我们对友谊的看法会影响我们如何处理友谊的变化和友谊带来的挑战。我们不必等着友谊找上门,我们可以寻找友谊,采取措施让友谊更牢固。这一部分让大家想清楚友谊中什么对你最重要,懂得什么会创造真正的友谊

A同学学习成绩不错,性格也很好,是每一个人的朋友,别人找他帮忙他都会放下手中的事情去帮忙。虽然他和每个人关系都很好,但是有时候不太有原则,没有几个人和他有深交。

你想和他做朋友吗?如果你不想,这很正常,受欢迎的人不一定受到所有人的喜欢。你希望从自己的朋友身上看到什么呢?

思考一下,什么会创造真正的友谊?

（2）想明白友谊中什么最重要。

勾选出五个你最想在朋友身上看到的行为。

表5.4　我想要的友谊

	打钩（√）
能站在你的角度上看问题	
喜欢聊天	
和你有一样的爱好	
让你做自己,不用戴着面具	
原谅你的错误	
学习成绩很好	
愿意帮助你	
是个好的倾听者	

续表

	打钩（√）
做事认真有进取心	
有好奇心	
有趣幽默	
待人友善	
懂得分享	
长得好看 / 长得帅	
诚实，不骗人	
有好人缘	
平等待人，不瞧不起人	
说话做事有礼貌	
谦让，先人后己	
会玩	

你想在朋友身上看到的行为常常就是你为了吸引此类朋友需要做出的行为。如果你想要别人真正倾听你，你就得练习真正倾听他们。这并不容易，你肯定会犯错，但是当你明白了什么对你最重要时，你便知道怎么做。

（3）友谊中的价值观。

1～10分打分——1分代表最不重要，10分代表最重要。

表5.5　友谊价值观

	1～10分打分
理解别人	
谦虚	
友善	
诚实	
风趣幽默	
有宽容心	
善于沟通	
有好奇心	
举止文明有礼貌	

续表

	1～10分打分
尊重别人	
平等待人	

表5.5有些是你认为在友谊中对你最重要的事,而不是你认为对的或别人要你重视的事情。在里面选出得分前三名的价值观,逐一写下如果按照这个价值观行动,你会怎么做。看谁能用最短的时间、最短的话分别写出你能想到的行动。

如:如果我想要一个善于沟通的朋友,我就要自己做到:① 看到朋友生气或者伤心时,主动过去问候和安慰;② 当和朋友闹别扭,主动和好;③ 朋友遇到不会的题目时,主动帮助……

表5.6　建立友谊行动表

价值观排名	价值观	行　动	
1		(1)	
		(2)	
		(3)	
2		(1)	
		(2)	
		(3)	
3		(1)	
		(2)	
		(3)	

(4)内在和外在视角。

内在视角是主人公自己内心的想法,外在视角是在其他人看来对方的感觉。

故事:你和娟娟是好朋友,本来你们俩约好了周末一起逛街,你为此还熬夜在周五晚上把作业完成,但是星期六上午你等了她很久,她都没有来,也没有联系你。实际情况是——娟娟的奶奶临时生病,她只能先陪奶奶去医院,没有带手机，匆忙间忘了和你说。周一，你见了她却假装没看见她，她想要跟你道歉，你没有理她，径直走开。娟娟很委屈，但是也很生气，她转身和其他女生一起讨论上课的内容了。你们的关系变得越来越差。

表 5.7　内外视角示例

	你	娟娟
你的内在视角	我的想法和感受： 我很生气，她说话不算数。我在她心目中可有可无，她完全不在意我的感受，都没有想到我干巴巴等了她那么久	如果我是娟娟，我是什么感受？ 我很委屈，因为我不是有意的，但是你连解释的机会都不给我。你不值得我把你当朋友
你的外在视角	我表面看起来怎么样？ 不知道因为什么事情有点生气	娟娟表面看起来怎么样？ 不知为什么和平时有点不一样，但是表现还算正常

故事：你和小辉是铁哥们。你把自己喜欢临班一个女孩的秘密告诉了他，并让他保密。结果两个周以后，你突然听到了隔壁班的同学在讨论这个秘密。你找小辉理论，小辉说他绝对没有和别人说起这件事情。你非常生气，说："不可能！这件事情我就告诉了你一个人，一定是你跟别人说的！"你打了小辉，然后去打篮球了。从此后你再也不和小辉一起结伴回家了，小辉也不和你一起玩了。

实际情况是——那天你讲出秘密的时候，被楼道里的同学不小心听到并传了出去。请在表 5.8 中写下你的内外视角。

表 5.8　内外视角仿写

	你	小辉
你的内在视角	我的想法和感受	小辉可能的想法感受
你的外在视角	我表面看起来怎么样？	小辉表面看起来会怎么样？

（5）运用内部和外部视角。

在生活中，很多你认为不可能发生的事情正在发生，当我们明白了自己想要什么样的朋友时，我们也会努力去改变自己，变成自己喜欢也让别人喜欢的样子。

A. 放下对自己和别人的判断。你的判断并不一定是正确的，你看不到事情的全貌,而且这些判断和想法对你收获友谊没有帮助。

B. 想象你处在类似的情景中,你会怎么做,别人也可能这样。例如,当你孤独/害怕时,你身体(如腹部,胸部)是什么感受?你遇到了什么事情(如被欺负)?你外表看起来什么样(如游刃有余的样子)?

C. 当在交往中遇到问题时,应如何做?

法宝一:先深呼吸,接纳你的想法感受,以及带给你的身体反应。

法宝二:倾听你的友谊价值观:如,在这种情况下,我希望对方能宽容一点,所以我也要表现得宽容一点。

法宝三:再按照刚刚的练习,想出内外视角,即你和对方的想法感受和外在看起来的样子。

法宝四:行动,想出符合你友谊价值观的三个行动。例如,要宽容,允许朋友犯一些小错,不守约定,因为我也会这样;主动向朋友表达善意,邀请他(她)一起玩;当朋友还在闹别扭时,给朋友时间平复心情。

(6)学完这个单元,你想说些什么、做些什么?

六　学生常见心理健康问题研究结果

(一)研究报告

结果表明,基于接纳承诺疗法的中学生心理干预方案有积极的效果。在中测的焦虑水平和消极情感上,实验组较对照组有显著下降,但在心理灵活性维度上,未发现改善效果。这可能因为学业压力较大,改善学生心理灵活性的难度较大。在后测中,未发现相关指标实验组对照组的显著差异,表明课程后半段未体现显著效果。

课程起效的原因是课程的正念练习对学生"元认知"的短期提升。通过身体扫描、呼吸训练等简短练习,学生增加了对意识状态的觉察,这体现为选择性注意力和分配性注意力的提升(Kerr et al. , 2011)。前者是关注某点而忽略其他事物的能力,这可以帮助学生在每天长达 8 个小时的学习时间和有限的休息时间中,注意力更集中;后者是在多个任务中切换并聚焦于当前任务的能力,有助于学生在不同学科间的注意力切换,减少走神(Levinson, Stoll, Kindy, Merry & Davidson, 2014; Mrazek, Smallwood & Schooler, 2012)。研究发现,练习可使得 GRE 考试成绩提升 30％ 以上(Mrazek, Franklin, Phillips, Baird & Schooler, 2013)。除了简短的注意力课程,本课程对"接纳"等观点的讲解,也能培养学生的"非强迫性思维",通过意识到自己的认知和行为状态,使他们对"占有欲"引起的情感冲动免疫,减少网络成瘾和自我贬低的可能性。这些正念练习对学生处理学业压力有很好的即时效果,故能在短期时间内降低学生的焦虑和消极情感。

后半程课程效果欠佳的原因可能是与前半程正念练习不充分有关。前期的正念课程虽然有即时效果,但注意力的改变不是持久的特质,只在练习时或练习刚刚结束后有显著改变,故课程前半段正念练习带来的效果,未持续到课程结束。研究发现,不断练习才能创造一种稳定的特质(Gorman & Green, 2016),促进元认知能力的提升和情绪的健康。接纳承诺疗法在心理咨询中的应用,需要灵活游走在来访者最终想要过上的生活和当前的无效想法行为中,最终激发指向价值有效行为。咨询师可将来访者当前的问题延展到价值维度,探索问题背后真正想要的生活,也可围绕当前"融合"的语言和阻碍开展工作,这取决于咨访关系和咨询进程。而课程的结构相对死板和固化,根据相关课程资料,我们选择了先让学生感受到想法的局限性,激发学习兴趣,学习正念内容;然后,启发学生自己对想要何种生活的思考;最终,让学生通过学习到的正确方法前往自己想要的生活。但学生的心理灵活性初始水平不同,前期课程仅仅进行了两次正念活动,正念练习带来的注意力能力提升不够稳定,没有为学生提供稳定的洞察力以自我探索,而稳定的洞察力是进行自我探索的基础(Dahl, Lutz & Davidson, 2015)。心理灵活性模型也认为,价值评估和承诺行动应以开放性和专注性的能力为基础(Hayes, 2016),故正念练习不充分可以解释心理灵活性指标和积极维度指标未出现显著改变。

后半程课程效果欠佳的原因可能与前后部分课程设计紧密度欠佳有关。后半程课程主要是通过书写活动,这要求学生具有很强的逻辑思维能够力和参与主动性。接纳承诺疗法对价值的定义是不受世俗影响下自我的选择和主张,但在应试教育下,学生很少思考自己的"理想生活",而仅仅着眼于"满足老师和家长学习好的期待"。因此,价值澄清部分需要老师更多的指引,帮助学生觉察在枯燥学习中得到的自我成长,这可能需要通过课下练习、一对一心理咨询、班主任辅导等方式渗透完成。在学习了处理情绪问题的正念方法后,马上讨论学生的理想生活,学习正念练习和探索自我价值之间的逻辑关系未阐述清晰,学生对课程的兴趣度不足,可能出现学生理解难度过大、兴趣减退的问题。因此,应以互动性游戏和隐喻故事为主,逐步激发学生的自主思考和探索能力。

发展有效的本土化课程,学生才能真正从接纳承诺疗法中受益。首先,应结合学生的认知方式和情感方式(Davidson & Dahl, 2017)进行授课。记忆在好奇心被激发的窗口期,可被奖励回路强化(Gruber, Gelman & Ranganath, 2014),故通过游戏、隐喻、绘画、故事、视频、心理评估、辩论和音乐等多种形式、充分激发学生好奇心,并提供学生们彼此交流的机会进行知识巩固(Schwartz, Tsang & Blair, 2018),可促进学生的知识掌握。同时,青少年需"解离"和"接纳"的内容各异,将"正念行走""正念听声音"等策略带入生活场景,通过作业巩固和反馈讨论等方式,促进策略的灵活运用。然后,接纳承诺疗法由六个维度组成,正念过程是其他几个维度展开的基础,故可以在正念练习的同时,以"关注呼吸和身体感受""倾听你内心的声音""把这份放下作为送给自己的宁静的礼物""正在注意的你"等指导语促进正念与其他五个过程的自然过渡融合。最后,青少年阶段学生具有较强可塑性,学生需在学科学习之外积累"明确价值"的素材,如职业发展类实践课程等,只有充分地接触社会生活,对生活的正念觉察才能充分发挥其作用。

(二)课程方向

情绪问题表明当前状态与理想状态的差距,是促进改变的开始。其产生的原因可能来自个体生理层面,也可能来自宏观系统的文化影响、微观系统的密切互动等。由于情绪问题之源是多元的,故解决之道也应是多元的。

继续发挥正念练习对自主调节能力的提升作用。学生的情绪问题,可解释为其自我调节能力不足以应对日常学习压力。优秀的学习者需要能够建立起一套针对表现水平或目标实现的评价系统,并有足够的自我监督和觉察能力,根据实际情况自我迭代纠偏(Schwartz, Tsang & Blair, 2018)。在此过程中,学习者需要有分辨当前情况和目标水平差异的感知力;也需要"解离"和"观察性自我"视角,正视差异的客观存在,而非当作对自身能力的盖棺论定,从而自我贬低和习得性无助。继续正念练习可帮助学生提升觉察能力、识别认知的局限性,将注意力集中在学习本身。在课程中,应注重正念练习的频率和时长以保障其效果,并培养学生应对不同学习情境的迁移能力。

增加建设类正念练习,以改善亲子关系,提升学生换位思考和亲社会能力。新冠肺炎疫情防控期间,除了学业压力,亲子关系也成为影响学生情绪健康的重要因素。鉴于学生更受益于不同类型的正念练习而非以书写为主的课程部分,故可考虑增加正念互动类课程比例。建设类正念练习的目的不是简单地观察或注意到思想、情感和感知的存在,而是积极地改变认知和情感内容,提升积极关系和生活意义感(Ryff, 2014)。例如,沉思生命的脆弱性和转瞬即逝的本性往往是为了重新调整心灵,使之朝向生命中真正有意义的东西(Rinpoche, 2014);进行怜悯练习可增加幸福感以及积极情感(Klimecki, Leiberg, Lamm & Singer, 2013),并可以减少皮质醇水平(Cosley, McCoy, Saslow & Epel, 2010)。它主要通过观点采择和认知重评改善消极情绪(张佳妮, 2013),增加思考问题的角度。在课程中加入建设类正念练习,对减少亲子隔阂、改进亲子关系有重要作用(Dahl et al., 2015),也有助于其人际沟通和社会和谐发展(Davidson et al., 2012)。

借鉴汉化的 DNA-V 模型,使得 ACT 课程更具中国语境下的适应性。DNA-V 不是将成年人的模型直接应用于青少年,而是结合了青少年发展特点和积极心理学设计而成的跨诊断干预模型(Hayes & Ciarrochi, 2015)。通过面临某重要生活事件时,觉察对自己最重要的价值 V,倾听头脑中 A 的各种内部语言和建议,从 N 视角感受这些建议带给自己的情绪和身体变化并对其做正常化处理,最后以 D 的姿态,检验回避的旧行为的无效性,开启新行动。在未来的课程优化中,应充分借鉴 DNA-V 的课程设计逻辑和活动方案。

对课程效果进行长期追踪。本课程后半段课程对自我价值的探索未得到良好的效果可能与课程效果未充分显现有关。社会情感能力课程的效果在半年以上的随访中保持稳定或进一步提升,如情绪压力和药物滥用皆有显著下降,社会情感技能在随访中显著提高,同时,在半年以上的随访中学习成绩获得最大提升(Durlak，Weissberg，Dymnicki，Taylor & Schellinger，2011)。因此，课程对学生积极改善的效果，可能会在未来半年或更长的时间段显现。

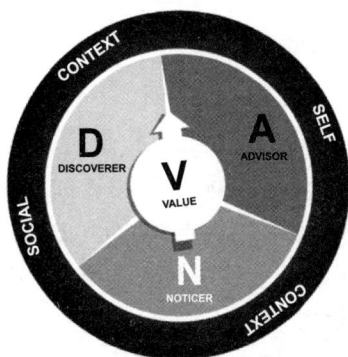

ADVISOR：建议者-A
内在对自身及外部世界的认知和评价，
作用是将想法与事实分开。
NOTICER：观察者-N
对自身和世界的觉察和关注，
作用是提高青少年对内部和外部的感知。
DISCOERER：探索者-D
对外部世界的尝试和探索，
作用是扩大和建立技能、资源。
VALUE：价值-V
个体的价值与活力，
作用是增强生命活力和意义感。

图6.1　DNA-V模型(Hayes & Ciarrochi，2015)

对课程方案进行持续优化。课程第一二次以情绪和想法为主要干预和研究对象时，对改善学生的焦虑和负性情感有较为显著的作用；但当启发学生探索个人发展时，并未显现出显著的作用。对学生的访谈结果表明，学生认为该部分课程未能直接解决自己的切身问题。因此，应结合学生群体的具体困扰设计单元主题，提供可以立即上手掌握的解决方案，才能在短时间内帮助更多同学受益。这启发我们可以以接纳承诺疗法为工具，以学生的核心需求为主题提供针对性的心理健康课程。

重视家庭微观系统对学生的塑造，提升家长和学校参与度。课程实验发现成功的社会情感课程不光需要设计良好的课堂内容，还需要来自班级、学校、老师、家长和社区的多维度的深度参与(Banerjee，Weare & Farr，2014；Dix，Slee，Lawson & Keeves，2012)。生态学习观以整体、适应和多元的视角透视学习，将学习活动视为由学习者、学习活动、工具中介系统、社会及物理环境构成的生态学习主题。学习者与学习环境、其他学习个体和学习群体之间共同存在、密切联系、相互作用，通过知识的吸纳、消解、转化、创新、实践、反馈等过程实现有效学习(梁剑玲，2021)。因此，心理健康类课程的成功开展，也需家庭和学校的支持和助力。在中国以应试教育为主的学校中，心理健康类课程易遭受水土不服。首先，学校层面未意识到其重要性，学生也对心理健康求助具有较高的"病耻感"和"标签化"忧虑，课程不具备推行的氛围土壤；其次，心理健康类课程的效果难以量化且难以获得及时反馈，与语文数学等学科的学习不同，心理健康类课程往往以"辅助者"的角色加入学生培养中,并未直接反映到升学率等指标中,这促进心理健康课程边缘化;再者,由于疫情压缩了学习时间,但升学压力保持不变,学生学业压力空前高涨,这进一步导致心理健康教育不受重视。因此,心理学课程的推广需要社会和学校营造重视氛围,并大力投入课程的开发转换,形成教师、学生和家长良好运行和谐发展的学习生态圈。

促进心理学专业人才充分涌流,检验与接纳承诺疗法过程和原理相关的技术和成分。与其他治疗方法相比,ACT 的六个治疗过程的使用更加灵活,很难制定具体的治疗指导手册(陈玥,祝卓宏,2018)。不同的群体、不同的应用需求,适合的具体策略不同。心理学应用者需要了解的是哪些因素重要,什么时候使用哪些技术,可以带来关键改变等,才能提供专业有效的指导。心理学科研工作者以科研为主,较少深度参与干预的具体过程,在应用领域的实操经验有限。这种获得科学理论的科研视角和获得个性化特异性效果的应用视角间的矛盾长期存在。接纳承诺疗法进行心理咨询时,最开始的正念训练比预期需要更多的时间和构建,且咨询师需要根据来访者呼吸、情绪和想法的变化来调整停顿、放慢和咨询方向。因此,正念类课程对老师的教学能力、觉察能力和课时安排提出更高要求,需要更多有专业心理学背景的实践者加入心理学应用的队伍中,通过准实验设计等灵活方式,聚焦于实践中的有用策略,才能有机在追求逻辑自洽和严谨思维的科学研究和不断迭代追求简单化和见效性的应用实践间,建立起富有成效的沟通桥梁。

为学生提供多层次的心理健康服务类型。对其中有较多情绪和认知困扰的学生,提供一对一心理咨询服务;对理性水平较高、自我探索意愿较高的学生,提供更多探索人生价值的课程。因此,对学生采取分级干预,根据学生学业难度,学生常见的高频心理问题,提供针对性强的心理咨询、团体辅导和多样活动等方式,这样才能更好地满足学生多样化的心理健康发展要求。

第二部分

通过个别化教学促进学生学习适应性发展的探讨

一 理论综述

（一）国内外个别化教学的理论基础

"凯勒"的个人化教学系统

个别化教学，是一种主张适应学生个别差异，强调学生自学和自主发展的教学形式和方法，它试图打破僵化的班级授课制，采用灵活的方式，注意学生个性的发展。个别化教学是激励学习者主动、积极地参与教学活动，按自己的实际情况强化自学，全面提高自身素质，以适应未来的需要。它具有以下五个显著特征。

1. 以掌握为指导

凯勒认为，掌握规定的教学内容是教学的主要目标。为了达到这个教学目标，掌握各单元的教学内容，要进行若干次形成性测验。学生若能通过单元测验，即表示已经达到掌握标准，可以进入下一单元学习；若未通过单元测验，即表示还未达到掌握的要求，就要重新学习或进行必要的复习，直到能通过测验，才可以进入下一单元的学习。

2. 学生自定学习速度

个人化教学系统要求学生的学习速度由学生自行决定，不再按照固定的、统一的教学计划来划定。这就使学生之间在学习能力、学习速度、时间安排等方面均有很大的差异，学习能力较弱的学生可能需要较多时间才能掌握所学内容；而能力较强的学生，则可能用较少的时间就能达到要求掌握的标准。

3. 教师用少量几次讲课来激励学生

由于教学模式的改变，教师不是面对学生讲授课程了，只是安排少量几次（或许一学期仅六次）讲课的机会来与学生进行沟通与交流，来激发学生的动机和兴趣。

4. 使用指导性材料

个人化教学系统的教学模式要给学生提供单元教材、学习指导材料。

5. 安排学生助理

采用个人化教学系统的教学模式进行教学，不仅学生的学习速度不同，学习时间和学习地点也不同，教师很难照顾到所有的学生。所以凯勒主张安排几个学生作为教师的助手，也叫学生助理。助理通常是由曾经学习过该科目的学生或由班上学习比较好的学生担任。

凯勒的个人化教学系统是一种强调以学生自学、以学生自定速度来适应个别差异的教育理论，对于推动面向 21 世纪的个别化教育的发展起到不可估量的积极作用。

卡尔·罗杰斯的"非指导性教学"

美国著名心理学家卡尔·罗杰斯针对美国现行班级授课制的弊端，提出了"非指导性教学"，他指出"要创造一种有利于学生学习的气氛，教师（促进者）充分地信任学生、了解学生、尊重学生，从而使学生在整个学习过程中都感到安全与自信，充分显露自己的潜能，朝向自我的实现"。罗杰斯认为这种个别化教学模式"能使学习者的整个身心都沉浸在自发的学习中，从而在学习中把认知活动和情感活动有机结合起来，这样的学习效果往往是最持久和最深入的"。他认为个别化教学的基本点是：停止"教授"，开始"促进"。

欧美的个别化教育：德可乐利制教学法

比利时德可乐利博士所创，其教学法和美国设计教学法相似，所以有"比利时设计教学法"之称。德可乐利认为儿童认识一种事物须经过观察、联想、发表三种步骤。

1. 观察

训练观察的方法有以下几种：寻常的观察，使儿童在学校中注意日常生活现象，如注意气象的变迁，动植物的发育和生活现象，学校中所养动物的生活等；兴趣中心有关的观察，即按照课程上所规定的内容从事学习，这种观察教学有三个步骤：第一步"预备"，教师用问答法，唤起有关的旧经验，以引起对新功课的兴趣；第二步"提示"，提出各种相似的事项，使儿童比较推证，以便求出一种结论；第三步"活动"，使儿童照着结论去做。观察之后，要用比较的方法去推证，以便求出一种结论，而比较又多半为数量的关系，所以在观察之后还要做计算的工作。

2. 联想

教学的步骤有四：① 示例，以儿童的旧经验为根据，用画片、地图和讲故事等方法以扩充其想象，启发其好奇心；② 比较联想，即以旧经验和新事实相比较,找出其异同之点;③ 结论,使儿童进一步推求新旧经验异同原因之所在;④ 实行,求得的结论,若是要实行的,便使儿童实行。

3. 发表

发表的方法有二种:一是抽象的发表,如说话、写字、作文等;一是具体的发表,如绘画、制作、剪贴等。

德可乐利制的优点有以下几个方面。

(1)让儿童从实际生活中去学习,使学校教育与实际生活相接近。

(2)课程组织以儿童需要和兴趣为中心,免除支离割裂的流弊,调和集体性和个性,使二者均衡发展,既注意学生个性,又注意学校与社会的联络以及教材的社会化。

(3)教学过程分为观察、联想、发表等步骤,切合经验本质,因为人们获得一种经验,总要经过知觉、思想、行动三个步骤。

德可乐利制实施的困难有以下几个方面。

(1)兴趣中心不易选择,因为这种中心,一方面要能适合儿童的需要,另一方面要具有社会价值,二者不易兼顾。

(2)此制系打破科目界限的大单元组织教材的方法,在小学低、中年级固然适用,在小学高年级及中学却不甚相宜。

日本的个别化教学

日本的学校对待不同成绩的学生会采用各种不同的个别化教学模式,他们的个别化教学系统很有特色,大致有以下几种类型。

1. 教学补充模式

这种模式以"学困生"为主要对象。对那些在课堂上学习困难、无法正常接受知识的学生,就利用放学后个别施教的方法进行补课。

2. 类别分组模式

根据学生学业成绩的优劣和薄弱环节,编成各种不同的小组,例如,把优等生归为深化型,把中等生归为发展型,"学困生"分为补充型的三种类型学习小组,分别进行个别化教学。

3. 学习方式模式

由于学生的学习要求、认知方式、学习方法、学习策略和学习速度存在差异,所以学校就根据各种类型学生的特点编成若干小组展开教学。

4. 兴趣爱好模式

这种模式有点像我国学校里的兴趣小组,主要是以学生们的兴趣爱好编成小组。

我国的个别化教学

1. 三种个别化教学观

一是调适观。它假设学生在学习起点上、在一般能力和各种特殊才能上均有很大差异,个别化教学就是要适应这种差异,依据学生的能力倾向,施以相应的教学。持这种观点的教育者提倡采用能力分班、掌握学习、分流教学等调适性措施,减少同一班级内学生间的差异程度。

二是发展观。它假设学生间的差异起因于不同的学习方法和个性特征,个别化教学的实质不是要减少甚至消除学生间的差异,而是要注意并发展学生个性。为此,个别化教学必须为不同的学生"设计个别的教材,个别诊断学生的学习能力,评定个别的成绩",使学生在"自我比较"中完成有差异的发展。持这种观点的教育者更多地运用异步学习等教学策略,满足不同学生的需要。

第三种观点是介于上述两种观点之间。它考虑到班级教学的实际情况,它主张把同一班级的学生依据一定的标准(通常是学生的学业成绩、能力倾向)划分为不同的层次,给予不同的教学,在这一点上,它更接近于调适观。我们可以把这第三种观点称为调适—发展观。目前,这种观点在我国实践界占有主导地位,并依此展开了大量的"分层递进教学"实验。

2. 我国个别化教学的实践

根据对个别化教学的这三种理解,我们可以把个别化教学的实践也相应分为三类:调适型教学、发展型教学和调适—发展型教学。

(1)调适型教学。

能力分班。例如,浙江省杭州市天长小学于1994年上半年起在五年级四个班的语文和数学教学中试行能力分班、上课。

掌握学习。这是针对学生在学习速度上的差异而采用的教学策略,旨在使95%以上的学生达到教学大纲规定的教学要求。例如,1987年9月到1988年6月菱湖区中心(镇)小学在一至四年级8个班(共258名学生)的数学教学中开展了"掌握学习"实验。

分流教学。这是把班内分组和能力分班、校内分流相结合的教学方法,一个较典型的例子是蓬莱市潮水中学。其具体做法为:初一、初二各科教师将班级学生依一定标准分成若干组,在备课、授课、指导、作业布置、批改等方面采取不同措施。初三上半学期,按学生的学习成绩,把学生分入重点班(占全体学生的40%)和普通班(占全体学生的60%),分别授课。初三下半学期进行校内分流,主要是帮助不打算进一步升学的学生了解一些基本的常识和简单的职业技术,做好从学校到社会的过渡[103]。

(2)发展型教学。

异步教学。这是由我国教育学者黎世法倡导的,依据学生在能力、学习方法、兴趣、习惯、个性等方面的差异提供不同的教学活动或补救措施的个别化教学方法。其实质"就是要实现学生学习的个体化,使学生成为学习的主人;实现教师指导的异步化,充分发挥教师在学生学习过程中的主导作用"。异步教学以一个班的80%左右的学生能接受的程度为基础,确定一节课(或一个单元)的知识的教学起点、教学量和教学进度。可以说,异步教学重在学生的自学。例如,1992年,江苏深阳市燕山小学在异步教学思想的指导下,开始进行分层异步教学。

让尖子生自学。有的教育者主张在上课时间将尖子学生"释放"出课堂,允许其自学有关课程,以充分发挥他们的学习潜能。例如,上海市建设中学对此做了实验。该校认为,这种做法使大多数留在课堂中的学生程度变得相对整齐了,从而增强了教师教学的针对性。

培养兴趣的教学。这是上海市塘湾中心小学1991年4月起开展的实验,目的在于"探索小学生在现行班级授课制条件下,使他们在德智体美劳诸方面和谐发展,又有符合小学生生理、心理发展规律的兴趣爱好、个性特长的农村小学教学模式"。

(3)调适—发展型教学。

其主要是在天津、江西、浙江、上海、北京、湖南、四川、安徽等17个省、市自治区的一些中小学进行的一系列分层递进教学实践[104]。在理论上,分层递进教学认为,第一,学生是有差异的,因此,教师的教也要有差异,以适应学生的学。第二,包括学习困难学生在内的所有学生都是有很大发展潜能的,在教学过程中必须形成一种能促使各层次学生不断"递进"的机制。第三,学生之间的差异是一种教学资源,教学中要充分利用此种资源,推动各层次学生的合作学习。在实践上,实施分层递进教学的要点是根据不同学生的学习可能性水平,将全班学生分为若干层次;根据各层次学生的学习可能性制定相应的分层教学目标;根据分层教学目标,进行分层区别施教;及时反馈、分层评价;矫正、调节,确立新的教学目标。

分层递进教学法实施后,受到了教师们的普遍好评,认为它是减少班内学生个别差异,大面积提高学生学业成绩,减轻学生课业负担的有效途径。同时,它对教师也提出了更高的要求:教师不仅必须有很强的责任心和奉献精神,还必须有更宽的专业知识面,以把握好所传授的知识在广度、深度、难度和分量上的灵活度。

综上所述,三十多年来,我国的教学改革已朝个别化教学方向迈出了重要的一步,并开展了个别化教学的多种尝试,取得了一定的成绩。但是值得注意的是,对于上述种种个别化教学方法,有人提出了异议,认为以上都不是真正地消除学生在学习成就方面的个体差异,而仅仅是设法消除学生在是否达到教育教学目标上的差异。"学校教育必须走出'知识为本'的怪圈,并将其定位在以'学生的发展为本'的基础上"。

(二)国内学习适应性研究

"适应"在心理学上包含了三个基本组成部分:① 个体,这是"适应"的主体;② 环境(情境),它与个体相互作用,不仅对个体提出了自然和社会的要求,而且也是个体实现自己需要的来源,其中,人际关系是个体"适应"过程中环境(情境)的重要部分;③ 改变,这是"适应"的中心环节,现代意义上的"改变"不仅包括个体改变自己以适应环境,而且也包括个体改变环境使之满足自己的需要,其目的是达到个体和环境的和谐。"适应性"则指个体在这种使自己的机体和心理状态适应环境要求时表现出来的特征。因此,"学习适应"是指学生个体主动调整自身以与学习环境要求相符合,包含学生、学习环境与改变三个部分。"学习适应性"则是指学生在学习过程中调整自身,适应学习环境的能力倾向。概括可见的国内有关"学习适应性"的资料,我们发现主要有以下五类研究[105]。

1. 调查报告

这是最常见、最基础的,重在如实地反映某一群体的"学习适应性"状况。

一般就是选取研究对象,利用学习适应性标准化量表进行测试,写出这些对象的特点,并指出存在的问题。例如,戴育红所写的《小学生学习适应性的研究》等都选用华东师范大学心理系周步成教授修订的"学习适应性量表"(AAT),分别在不同的学校选取了不同的年级学生,进行普测,然后写出调查报告。一般这类研究样本较大,可以在调查报告中看到某一类群体的学习适应性总体状况,哪些方面比较好,哪些方面比较差,各个适应性等级的比例等都可以反映出来,给人以宏观上的学习适应性印象,但都是最基本的事实报告。至于如何利用调查结果,例如,如何针对调查出来的适应不良问题进行调适,如何进一步对学生进行指导等都不做具体探讨,真正的干预在这类报告中是没有的,只略微提出参考意见,而且调查工具的不同,所反映的角度、问题及程序都可能会有差异。

2. 比较研究

这是第一类研究的深化,根据样本的相关或独立性,又可分为相关研究与差异性研究,这类研究又包括相关性研究与差异性研究两类。前者主要研究某同类样本的学习适应性各不同因素间的相互作用及相互影响,常常对同一样本进行学习适应性测试的同时配以别的不同测试,例如,心理健康测试、亲子关系测试、学习动机测试或者行为问题的测试等,以深入而有侧重点地探讨研究对象的总体学习适应性与其他各内容(如学习环境、学习态度、学习技术、身心健康)之间的关系,寻找与总体适应性最密切的因素,如,上海市怒江中学的李秀芳与杨晓清所做的"特殊家庭亲子关系对孩子学习适应性的影响"研究。这类研究是基于调查基础上的有关适应性项目的比较,根据比较结果说明影响适应性的因素,比调查报告要具体,它把研究对象放在相应背景下进行探讨,但所选样本的不同很可能影响结论的适用性或泛化。

3. 模式构建

这是一类"实践—理论—实践"的研究,主要是对"学习适应性"理论本身的探讨,研究"学习适应性"的内涵与各组成部分的内在关系,重视其普遍性规律及研究方法的广泛适用性,是理论研究的核心内容。研究者在许多的调查或比较的相关结论中,寻找学习适应性的共同机制,概括提炼出一些因素,构建普遍化模型;再进一步编制出可用于实践性研究的工具—量表或问卷等。虽然不同的研究者在不同的研究思考中会有不同的模型设想,但总体上都为以后的调查研究或比较研究,甚至更有针对性的应用研究提供理论指导和可行性根据,如学习适应性测验。

4. 验证性研究

验证性研究是在接受、广泛应用一种新的学习适应性理论模型及其工具前，通过实验或调查应用，对"学习适应性"的有关理论模型及其量表进行检验的研究。一般都是通过对被验证对象的信度、效度等分析、检验来评价其价值所在；一旦通过了此类研究，认为是可以接受的，那么某一种理论模型及其测验或问卷性工具才可能被应用。当然，在验证性研究的过程中，可能会根据具体的环境范围对对象的某些非本质性内容进行相应调整修改（如改变量表测题的语言、删除有些项目等）。

5. 应用性研究

这类研究是基于以上四类研究，在实践中进行学习适应性的指导，如上学习适应性辅导课、组织学习适应性团体咨询等。目前，国内这一方面的研究历史较长的当属上海市长宁区普通中小学的工作。他们编制了学习适应性的辅导书、进行学习适应性普测、安排学习适应性课程以及家长辅导班等，基本走上了有组织的应用研究的轨道，但就学科渗透以及具体学生的干预上尚属萌芽阶段。

总体上，以上五类研究都偏重于"群体"（或"总体"）的探讨，要么反映"群体"的学习适应性现状，要么从"群体"上比较学习适应性的因素关系，要么努力于有普遍适用性的理论构建及其验证，即使是应用研究也是侧重于宏观上的面上指导，讨论的范围更多只集中于心理学、教育学等有限的研究领域中。

（三）学习适应性研究的意义及理论基础

几个关键词的界定

（1）个别化教学。所谓个别化教学是指面向全体、兼顾学生差异的教学思想理念、方法和策略的总称。它的组织形式既可以是个别的，也可以是小组的，还可以是集体的。教学目标依每个儿童能力的最高起点来制定，并随时调整。教学内容取决于儿童不同的水平，教学方法考虑到儿童不同的学习和个性特征。

（2）AAT学习适应性测验。由周步成教授和方真编制，其目的是对造成中小学生学习适应性困难的主要因素（学习态度、学习技术、学习环境和心身健康等）做出正确的诊断，并依此给予适当的指导。测验的实施和计分比较简单，方便有效性的度量，即同一件事使用不同的说法提问，用来检查前后回答的一致性。

（3）分层递进教学模式。根据不同学生的学习可能性水平，将全班学生分为若干层次；根据各层次学生的学习可能性制定相应的分层教学目标；根据分层教学目标，进行分层区别施教；及时反馈、分层评价；矫正、调节，确立新的教学目标。

（4）学习适应性。它是指学生在学习过程中调整自身，适应学习环境的能力倾向。

意义

学习适应性五类研究就如何利用调查结果及协调相关的影响因素，来发展学生的适应性行为等都没有详尽的介绍。虽然有许多的数据结果，但真正从学校教育的个体性发展目标来看，具体化的操作指导是极其有限的，因此就国内目前的学习适应性研究来看，在进一步深化宏观研究的同时，微观意义上的研究要大大加强，这样才可以让理论的研究服务于实际的人；让一线教育者更理性地检验、调整自己"传道授业解惑"的"师者"风采；让大量的调查结果及研究结论在对学生进行辅导的时候体现价值，而不是只停留在"文章"与"思考建议"的阶段。

同时，我国的个别化教学实验多，理论少；引用别人的观点多，提出自己的思路少，能在自己的理论假设的基础上进行实践操作的更是屈指可数。这种现象理应受到足够的重视。笔者尝试提出自己的理论假设并进行实践。笔者提出的理论假设是融合分层递进教学、小组合作教学和对学生的个别教学等个别化教学策略，对学生的学习态度、学习技术、学习环境、心身健康等施加影响，通过对比学生 AAT（学习适应性测验）的前测和后测成绩，说明个别化教学能够给予学生的"学习适应性"施加影响，提高学生的学业成绩。

综合考虑我国学习适应性研究和个别化教学研究，笔者的研究具有重要意义和价值。

研究的理论依据

1. 心理学家维果斯基在教学与发展的关系上提出的"最近发展区"思想

维果斯基认为，至少要确定两种发展的水平，第一种水平是现有发展水平：

是指由于一定的已经完成的发展系统的结果而形成的心理技能的发展水平。第二种是在有指导的情况下借别人的帮助所达到的解决问题的水平，也是通过教学所获得的潜力。这样在智力活动中对所要解决的问题和原有独立活动之间可能有差异，由于教学而在别人的帮助下消除这种差异，这就是"最近发展区"。

2. 马克思主义唯物辩证——矛盾既有普遍性又有特殊性

马克思主义的唯物辩证法认为任何事物都有矛盾，矛盾既有普遍性，又有特殊性，这就要求我们坚持具体问题具体分析。对学生也要具体分析，不同的学生，由于其学习的原有水平、思维习惯、学习方法等差别，他们在完成学习任务的过程中必定会产生差异。实行个别化教学正是承认了这种差异，将目标定为确保每个学生都能完成学习任务。个别化教学既采取集体分层递进教学、小组合作教学，解决共性问题；又采取个别教学（指一个教师对一个学生的个别施教），解决不同层次的个性问题，将矛盾的普遍性和矛盾的特殊性加以区别对待，使教学符合辩证法，体现了马克思主义哲学思想。

3. 建构主义学习理论

建构主义认为世界是客观存在的，但由于各人的经验以及经验信念不同，其对于世界的理解和赋予的意义也是各不相同的。该理论把学习看作是建构内在心理表征的过程，这种建构不是外界刺激的直接反应，而是通过已有的认知结构（包括原有知识经验和认知策略）对新信息进行主动加工，并把它融入自己原有的知识结构中。而学生原有的认知结构对其内在心理表征的建构具有决定性的影响，所以在学习中必须充分重视学生的认知结构的差异，抓住学生个性差异，实施个别化教学。

4. 素质教育理论

素质教育有三要素，即面向全体、全面提高、主动发展。而个别化教学的宗旨便是"一切为了学生，为了一切学生，为了学生一切"，体现素质教育三要素，既面向全体学生，同时又注重因材施教，突出学生个性发展，是落实素质教育的根本措施。

5. 胡兴宏的分层递进教学模式

在理论上，分层递进教学认为，第一，学生是有差异的，因此，教师的教也要有差异，以适应学生的学。第二，包括学习困难学生在内的所有学生都是有很大发展潜能的,在教学过程中必须形成一种能促使各层次学生不断"递进"的机制。第三,学生之间的差异是一种教学资源,教学中要充分利用此种资源,推动各层次学生的合作学习。在实践上,实施分层递进教学的要点是根据不同学生的学习可能性水平,将全班学生分为若干层次;根据各层次学生的学习可能性制定相应的分层教学目标;根据分层教学目标,进行分层区别施教;及时反馈、分层评价;矫正、调节,确立新的教学目标。

6. 王鉴的有效合作学习的教学策略

有效合作学习的教学就是在教师指导下,学生掌握合作学习的方法与过程,进而在单位时间内有效地完成学习任务的教学。有效合作学习的主要教学策略包括选择合作伙伴与明确责任分工、采用多样化的合作学习形式、进行合作学习方法的有效指导等[106]。

三 学习适应性研究方法

(一)研究方法综述

研究方法

1. 研究工具

依据周步成教授和方真编制的 AAT(学习适应性测验手册),找出个别化教学和学生学习适应性变化的关系。

2. 被试选择

实验班被试为山东省某公立学校初级中学一年级 3 班 43 名学生,其中 11 人因为对测验题目的回答不具有一贯性而被淘汰。

等组对照班被试为山东省某公立学校初级中学一年级 5 班 42 名同学,其中 12 人因为对测验题目的回答不具有一贯性而被淘汰。

3. 具体方法

(1)文献研究法。在国内外有关个别化教学的历史、现状的基础上进行研究。

(2)测验法。用权威编制的 AAT 学习适应性测验进行分析。

(3)行动研究法。在班级教学的动态环境中研究如何通过个别化教学促进初中生学习适应发展。

（4）经验总结研究法。以班为单位,用解剖麻雀的方式对班级中存在的利于学习适应性的诸因素进行分析总结并加以推广。

研究过程

（1）实施 AAT（学习适应性测验）前测及分析。

在某公立学校初级中学一年级和二年级按照同质原则选取了三个实验班:一年级 3 班、4 班、二年级 1 班,做学习适应性测验（AAT）的测验。

（2）使用个别教学策略和分层递进教学模式、小组合作教学模式,促使不同的学生有不同的发展。

A. 通过个别化教学策略,加强对学生的指导,促进学生个体的学习适应性发展。

AAT（学生学习适应性测验）前测为教师提供了一份较为全面的学生学习适应性分析报告,对学生学习和教师教学都有很大的指导意义。笔者培训了 21 名有关教师实施个别化教学策略,结合测验发现的问题制定干预方案实施干预。结合实践,笔者把学生学习成绩不良的常见原因和表现,归纳成十二个方面,并分别写出教育对策,把它们提供给教师,作为指导因材施教,进行个别化教学的一般性材料。

B. 小组合作学习课堂教学模式的研究探讨。

"小组合作学习"是课堂教学中充分发挥学生主体作用的一种有效方法,也是当前引导学生主动学习的重要途径,在新课程改革以及学校当前构建"211"课堂教学模式中有着重要的作用。课堂中利用小组合作学习可以提高单位时间中学生学习、交往、表达的频度与效率,优势互补,有利于培养探究意识和合作精神,也有利于学生交际和解决问题能力的发展。为了切实提高小组合作学习的有效性,使小组合作学习能真正起到改进课堂教学机制、教学方式及教学的组织形式,切实培养、提升学生的合作意识、合作能力与合作精神的目的,促进学生学习适应性发展[106]。

合作学习的方法,即通过组织有效的合作学习活动,把基本的、规范的学习方法教给学生,即所谓的"教师学会教学"。当教师提出问题需要讨论或提出任务需要完成时,给学生一定的时间,小组合作学习活动便发生了。[106]

"211"课堂教学模式下的小组合作学习步骤:① 教学准备确定每堂课的学习目标、精心研制导学案;② 教学实施——小组建设、促进学生自主合作探究性学习;③ 多维度教学评价学习小组,采用学生自评、小组评、组内评、师生共同评价等多种形式。

C. 实施分层次递进教学,促进学生学习适应性发展。

根据最近发展区思想,笔者尝试了依据学生本学科的学业基础、在本学科表现出的智能水平与学习方法水平、学习态度(自主性和意志力等)、合作意识和能力、对本学科的兴趣五个对以后学业影响最大的因素引导学生自知,"自主选层合作达标"分层次教学模式,使所有学生都能在自己的"最近发展区"内获得最大限度的进步。实施分层次递进教学的步骤:① 帮助学生自知,引导学生自主选层,确定自主发展目标;② 正确认识自我,自主选层,合理选择目标;③ 组建学生合作学习小组,制定小组合作目标;④ 分层施教,探索建立"自主选层合作达标"的教学模式;⑤ 分层评价,主导思想是多几把尺子,内容要科学;多几个尺度,标准有差异;多几种评法,方式要多样。

(二)实施分层次递进教学,促进学生学习适应性发展

引导学生自知自主选层,确定自主发展目标

将学习目标分层,让每个学生了解各层目标的内涵,提供各学科的目标指向。

C 层目标:能熟练掌握课程标准所要求的内容,能综合运用所学知识分析和解决复杂问题,掌握知识的宽度和深度适当超出课程标准的范围。

C 层目标课按照高低再细分为 C1、C2。

C1——成绩参考区间:满分×80%≤学业成绩目标<满分×90%。

C2——成绩参考区间:满分×90%≤学业成绩目标<满分。

B 层目标:(中层目标)能掌握课程标准所要求的内容,能综合运用所学知识分析和解决问题和解决较为复杂的问题(大部分学生可以达到)。

成绩参考区间:满分×70%≤学业成绩<满分×80%。

A 层目标(基础目标):能理解课程标准所要求的内容,能运用所学知识分析和解决最基本的问题。(全体学生都可以达到的) A 层目标课按照高低再细分为 A1、A2。

A1——成绩参考区间:满分×60%≤学业成绩目标<满分×70%。

A2——成绩参考区间:满分×40%≤学业成绩目标<满分×60%(为有特殊困难学生设置的暂时目标)。

正确认识自我,自主选层,合理选择目标

帮助学生正确认知自我,引导学生根据自己的实际在自己的最近发展区内选择学习目标。教师可以对选层进行一定的宏观控制,如可将学科分成若干组,语数外组,政史地组,物化生组等,规定在每组的学科中至少选择一个C,那么每人至少选三个C;每组中最多选一个A1,那么每人最多选三个A1。对特长生和困难生应该个别对待。总之,要一切从学生的实际出发。

表2.1　正确认识自我　合理选择目标

学科	自我认知					自主选择目标层次							
	学习基础	学习兴趣	能力方法	学习态度	合作能力	期中				期末			
						成绩	X	Y	Z	成绩	X	Y	Z
语文	92	C2	B	B	B	C				C			
数学	81	C1	A	A	A	C				C			
外语	64	A1	A	B	B	C				C			
历史	58	A2	A	A	A	B				B			
地理	53	A2	A	A	A	B				B			
物理	59	A2	B	A	A	B				B			
化学													
生物	71	B	A	A	A	B				B			
政治	57	A2	B	B	B	C				C			

注:学习基础栏填最近期末考试成绩,学习兴趣、能力方法(X)、学习态度(Y)、合作能力(Z)栏各分低、中、高三个层次,依次用A、B、C表示;"期中和期末"的学习成绩栏从低到高依次用A1、A2、B、C1、C2表示。

组建学生合作学习小组,制定小组合作目标

1. 小组建设

小组的组建,坚持"组内异质、组间同质"的原则,均衡分组。各组的实力大体相当,这样有利于竞争,也有利于管理。小组的产生方法:首先由班主任讲解发动,然后按照学生的知识水平,根据分组数量蛇行排列,按优、良、中、差合理搭配;再根据小组成员的领导能力、性别比例、性格心理等因素进行适当的调整。

小组角色责任的分工。可以按照"因人而异、力所能及"的原则,对小组成员进行合理分工,组长是小组的核心人物,是小组合作学习活动的组织者和教师的小助手。教师适时做好小组合作学习方法的培训与指导;举行合作学习论坛等活动,分享经验,提高合作学习的质量。

座位的安排。适合小组合作学习"方阵式"座位,即小组围坐的形式,可以是四人小组围坐,也可以是六人小组围坐,便于组内交流合作,如表2.2所示。

表2.2　小组合作学习座位安排表

1	6
3	4
5	2

(注:1~6是按照小组成员的综合实力进行的编号)

这种六人小组编排座位的好处:1号通常是本组的领头人,任命为组长,所坐位置可以看到所有组员,便于管理。2号是本组副组长,协助组长管理小组成员。对着的两个成员的序号和均为7,可谓实力相当,便于三个对子的均衡竞争。为了更好地实现"兵教兵",这种座位可以实现循环帮助。一般情况下1帮助3和6,2帮助4和5。因为1的实力特别强,1帮助6会造成资源浪费,所以也可让1帮助3,3帮助5,2帮助4,4帮助6,实现循环帮助,促进所有同学共同进步,达成小组合作目标。

小组的管理。制定目标、口号、组规,可以形成小组凝聚力。

以初级中学一年级4班组规为例,如表2.3所示。

表2.3　56级4班7组组规

(1)组长以身作则,组员服从组长、学科长的管理。
(2)各负其责,互帮互助,共同进步。
(3)遵守规则,遵守纪律,不影响他人学习。
(4)积极参与讨论,认真倾听,上课不做与学习无关的事情。
(5)展讲声音洪亮,自然大方,敢于发表自己的见解。
(6)作业独立思考、自主完成,有困难主动请教。
(7)有错接受批评帮助,及时改正。

2. 促进学生自主合作探究性学习

在以学生为主体的小组合作学习模式中,具体来说,教师指导学生养成以下三种行为。

（1）学会听讲。注意坐姿，认真聆听；神情专注，会做笔记。

（2）学会讨论。先独学，后交流；均参与，互切磋。

（3）学会展讲。声音洪亮，仪态大方；有理有据，条理清晰。

3. 教学评价

多维度评价学习小组，主要包括主动学习与参与情况、思维倾听情况、表达交流情况、任务落实与目标达成情况、团队合作与学习效果情况等。其评价方法多变化，如等级、分数、智慧等；评价时力求将成员个体与团队整体相结合，进行捆绑式评价。

运用好评价结果，阶段表彰优秀小组和进步小组。

分层施教，探索建立"自主选层合作达标"的教学模式

优化分层施教的各个环节是搞好分层教学的关键。通过进行分层提问、分层练习、分层辅导、分层作业等，提高分层次教学的效果。

1. 备课

钻研课程资源的内容和结构，知识能力层次，对不同的学生提出不同的要求。

2. 上课

基本模式。创设情境分层设疑 —— 独立思考合作探究 —— 分层练习分类指导 —— 归纳小结作业分层。

情境教学法重在设置情境引起学生学习兴趣，激发其积极情绪，促进其学习成绩的提高和心理健康水平的提高，使其愿意接纳外界的事物，身心更加健康。情境教学法的实施三部曲：

（1）情感投入。感情能拉近师生之间的距离，能感化学生的心灵。教师对学生怀有真挚的感情，学生才会"亲其师，信其道"，才会自觉愉快的接受教师的教诲。优秀的教师恰如一位高明的指挥家，他的一个手势、一个动作、一个眼神都能在学生的心弦上弹拨出动人的乐章。教师要用真诚，用爱心，用情感去激励学生，去温暖学生，去鞭策学生。只有创设出平等、团结、和谐、互助的情感氛围，才能促使学生乐于学习。

（2）情绪培养。学生时代是对一切充满好奇心的时期，教育应该努力培养学生各种积极的情感。教师对教材内容的讲授切不能照本宣科、枯燥乏味、"满

堂灌",要用生动的语言、典型的事例、新颖的教学方法渲染恰当的教学情境,引起学生的共鸣,实现教学目的。

（3）情境设置。有这样一个例子,有位美术教师在上"绘画线条"一课时,教室外面正下着大雪,学生们对老师绘画课程内容心不在焉,教师灵机一动,把课堂转移到了雪地上,用树枝画了一条活灵活现的龙,激起了学生一试身手的兴趣。这时,老师才把前面在教室里想讲的内容讲出来,取得了意想不到的效果。

分层评价

主导思想是多几把"尺子",内容要科学;多几个尺度,标准有差异;多几种评法,方式要多样等。

建立学生分层达标纪录,由任课教师填写和管理。

表2.4　学科:语文班级:56、3（初二第二学期）

序号	姓名	自选目标		过程和结果评价												
		期中	期末	单元测成绩			期中			单元测成绩			期末		
				一	二	三	成绩	层次	是否达标	一	二	三	成绩	层次	是否达标
1	陈龙梅	B	C1	66	61	72	84	C1	是	72	76	74	72	B	否
2	刘冰心	A2	B	64	50	50	66	A2	是	67	63	67	58	A2	否
3	韩磊	B	C1	64	57	68	78	B	是	60	64	62	85	C1	是
4	杨兆舜	A2	B	72	51	70	72	A2	是	60	66	60	71	B	是
5	张倩	B	C1	68	61	65	57	A2	否	58	73	68	80	C1	是
6	何士斌	A2	C1	69	45	65	65	A2	是	54	56	54	81	C1	是
7	李双	C2	C2	66	50	79	96	C2	是	79	84	81	89	C1	否
8	王健	C2	C1	64	61	61	84	C1	否	69	79	70	84	C1	是
9															

表 2.5　合作小组达标记录

个人成绩					合作小组达标情况			
姓名		吴斌	李琪	修霞	陈尚	平均成绩	能力方法	学习态度	团结互助
单元测试	一	74	52	81	52	64.7	C	B	B
	二								
	三								
期中考试		104	66	103	71	86	C	B	C
小结		我们组在这半个学期中,通过不断的努力,成绩都有所提高,主要是同学们学习态度转变了,在学习方法方面互通有无,合作的力量是大于个人的力量之和的。虽然我们仍不是最好的,但我们会再接再励,争创佳绩。							
单元测试	一	96	66	98	74	82	B	C	C
	二								
	三								
期末考试		73	66	77	49	63	C	C	C
小结		我们组无论总分、平均分等都有所下降,我们在学习态度方面主要是有骄傲轻敌的思想,学习的刻苦程度不够,合作意识有所下降。但我们也付出了一些努力。相信我们在下学期会发愤图强,争取实现目标,成为小组第一。							

注:期中期末小结由小组讨论填写,内容主要是前一阶段合作学习中的得失、今后需要重点改进的方面等;能力方法、学习态度、团结互助可分低、中、高三个层次,依次用 A、B、C 表示活动目的。

(三)改进学习方法,促进学生学习适应性发展

学习方法恳谈会

1.活动设计思路

"工欲善其事,必先利其器",改善并掌握科学的学习方法,事半功倍。不同学科的学习方法不尽相同,不同人的学习方法也不尽相同,适合自己的方法就是最好的方法。

分学科交流学习方法。例如,分语文、数学物理、英语、生物地理道法历史等共 4 个小组进行。

本次活动将通过榜样示范、情景剧展演、实话实说、故事会等多种形式,引

导更多的同学反思并找到适合自己的学习方法,促进学生学习适应性发展,高效高质地完成学习任务,尽快适应初中生生活。

2. 成立学校学习方法恳谈会小组

以班为单位,以学生自荐和学科老师推荐相结合,选拔学习方法恳谈会小组人员。

3. 学习方法恳谈会活动实施

(1)每组通过调查问卷法、访谈法等整理汇总学生群体存在的突出问题,访名师优生,查阅线上线下资料,找到问题解决的具体策略和具体措施。这就要求展现的学习方法易操作,有价值和借鉴意义。

(2)丰富展现形式,每组展演时间为7+3分钟,7分钟展现学习方法,3分钟现场回答学生的自由提问。

(3)恳谈会后由本班学生生票选冠亚季军组,准备参加学校会演。

(4)活动评优评先。

根据现场老师学生票选结果,选出优秀集体奖和最佳个人风采奖,学校进行颁奖并量化给班级加分,优秀集体奖 +10 分,个人风采奖 +2 分。

学习方法手抄报

1. 活动设计思路

"工欲善其事,必先利其器",改善并掌握科学的学习方法,事半功倍。不同学科的学习方法不尽相同,不同人的学习方法也不尽相同,适合自己的方法就是最好的方法。本次活动旨在学校举办的学习方法恳谈会基础上,反思自己,借鉴他人,找到适合自己的最好的学习方法,并通过手抄报形式表现出来。

学习方法手抄报活动将引领更多的同学反思并找到适合自己的学习方法,促进学生学习适应性发展,愉快高效地完成学生学习任务。

2. 活动时间与安排

2020 年 10 月 15 ~ 17 号,每位同学制作一份精美手抄报,每份手抄报正面不可以署名、班级,只能在最后署名和班级,否则取消被推荐资格和获奖资格。学校制作选票预备票选优秀作品。

10 月 18 号(周一),以班为单位,全班同学优选 10 件作品参加学校比赛,全校共 60 份参赛作品。并按照班级学生具体人数领取选票。

10月18～21号,布置全校手抄报展览,同学和老师开始票选。每位同学在下发的选票上填写最优秀作品的前十名的号码。

10月21～22日,计票并公示计票结果。

3. 活动评优评先

手抄报各班选送10份,进行展评。同学票选评出一等奖10人,二等奖20人,三等奖30人。

(四)学习方法恳谈会部分优秀作品展示

学好语文有妙招

敬爱的老师,亲爱的同学们,大家好!

我是语文组成员,询问身边的朋友,又结合自己的困难,我整理出以下几点问题。第一,背课文及知识点时非常困难;第二,背东西快,但忘得也快;第三,作文不出彩,难得高分;第四,阅读理解题失分较多;第五,拖延的毛病。针对这些我给出了自己的理解及建议,下面我来具体说一下应对方法。

第一条,背课文及知识点时非常困难这个问题,一定是大部分同学的一个"噩梦",当然我也不例外,一看到大段大段的文字,就感觉力不从心、无从下手,从而失去对它的兴趣。通过上网查询,咨询老师,我整理了以下两条方法。

一是缩略词记忆法,相信同学们都听说过这种方法,简单来说呢,就是把长文字简单化,提取主要信息或概括性字词,连接在一起,让文章变得简单又有趣,如语文的敬辞与谦辞很难背,老师便给我们编了一个顺口溜,把常见字凑在一起,只要看到词语里的字就能知道是敬辞还是谦辞,同学们在真正用起来的时候,不一定是用字,词句都可以,必要时还可以调换顺序或添加元素,让背诵成为简单有趣的事情。

二是晨起/睡前记忆法,据研究表明,有些人在晨起后记忆力最佳,这些人可以选择在早饭前后或晨起后十五分钟进行记忆,而有一部分人是睡前记忆力最佳,我就属于这一部分人。还记得有一次演讲比赛,演讲稿枯燥又难背,于是睡前一小时进行背诵,没想到很快就背完了,第二天稍一复习,就特别熟练了,如果你也想达到这样的效果,那就选择自己适合的方法行动起来吧!

第二条,背东西快,但忘得也快,这就属于复习的范畴啦。如何有用且高效地复习呢?我的复习方法便是经常"见面",一个朋友你跟他见多了自然就熟起来，但不经常见面就会生疏，尴尬许多。背东西也是这样，背诵的过程就是交朋友，背完后要跟它多见面，记忆就深刻了，也不需要花大量时间，琐碎时间完全能够搞定，如上学路上、课间、打饭排队时，都是可以的，而且在脑子里大致过一遍就好，相信大家能够克服这个困难，打败它，是我们每一位同学的责任。

第三条，作文不出彩，难得高分，这也是我之前语文成绩一直不算高的致命缺点，后来逐渐好转，有所提高，希望我的方法能帮助到大家。

A. 建立"灵感与素材本"，在日常生活中，看到某处景物，脑子里可能就立刻会有灵感，再稍加细化，灵感素材本随带随记，到写作文时不至于毫无色彩，久而久之，文采就会显著提升。

B. 语言幽默化，多加感叹词，使文章听起来平易近人，也更加吸引读者，不会让阅卷老师读着读着就犯困了。一件有意思的事情，加上幽默的语言，作文的灵魂就到了，如果这样的文章都不能得高分，那得是怎样的文章才能得高分啊。

C. 多读书，这一定是学生时代听过最多的三个字。其实大人们说的没错，确实要多读书，教材书帮助我们学习知识应对考试，古典书籍让我们了解历史学习文化，名人写的书籍让我们增长见识积累词句，而其他书籍让我们开拓思维打开视野。所以说，不管是哪一类书籍，都对作文起着至关重要的作用，特别是我在写作文时，会引用古人经常用的字词或引用典故，虽然不多，但浓缩的便是精华，哪怕是一个字，也让文章增色不少。我们可以制订一个读书计划，如一个月读完两本书，不求多，但一定要读。

D. 坚持写日记，我的身边一个老师就是从初一开始写日记。一开始他也就是记流水账，一直坚持写就会有素材，同时可以梳理自己的情绪，有时候生活感触可以跟自己说，写下来就是情感类散文；受挫折了明白道理了，产生了联想，随便一写就是议论文。时间久了，能写出来的多了，思想丰富了，语文的综合能力自然产生了，再读别人的文章，也就容易了许多。刚开始，我们可能会没事可写，不想写或没素材就少写点，万事开头难，总会有进步。

第四条，阅读题总失分，这个问题真是令我头疼啊，又棘手又苦恼，特别是在遇到课外文言文时，就感觉自己什么都不会了，下面就来说说我向老师请教后得到的收获吧。

A. 多学多练，掌握技巧，阅读题五花八门，实在没有什么好办法，只能多学多练，就会发现一定的技巧，像数学题里的公式一样，语文也是，找到公式，带到阅读题里，基本就占一半的分了，剩下的那一半，只能靠自己理解了。大家可以根据自己的需求制订合适的计划,比如一周做两篇阅读理解,一个月做十篇文言文理解等。

B. 把想到的都写上,虽然不一定对,但不会后悔,不至于考完后再说当时我想到了却没有写上这种话,而且就算是真的不对,老师也不会给你扣分,语文是有答题点的,一眼扫过去只要有那个点,便给分。同理,就算其他你写的再多再好,没有答题点也一样扣分,所以一定要把想到的都写上!

第五条,拖延的毛病,是身边一个朋友提出来的,仔细一想,我也会有这样的毛病,如在开学之前,我下决心要做完一本语文题,却在开学后因为放学晚、学业重这些理由,把它抛之脑后,逐渐形成拖延的毛病,为此,我整理了以下几点建议和方法。

A. 列清单,在早晨或前一天晚上列出今天或明天需要做的事情。比如,做完语文作业,背十个英语单词,做两篇阅读理解等。任务可多可少,据个人情况而定,这样做的好处是能清晰地知道自己该做什么,不迷茫,也会更有紧迫感,减少拖延的可能性,在每件事情完成后打上钩,一天下来会有满满的成就感。

B. 激励法,就是给自己奖励用来激励自己,比如我对地理不感兴趣或学起来费劲,效率自然不会太高,会开小差,即便只学十分钟都像如坐针毡。这时我们就需要提前设置奖励,如我喜欢吃巧克力蛋糕,就把它切成几等份,每专注多长时间就奖励一块,这是一个很好的学习方法。

最后,我想说,少年有梦,不应当止于心动,更应当付诸行动,希望大家今天不止听会,还要能够做到!

我的发言结束,感谢大家的聆听!

三　测量结果及相关样本、独立样本的 t 检验

对实验班和等组对照班实施测验适应性测量,统计结果。

实施个别化教学策略和分层递进教学至今已有近两年的时间中,实验班551、561、563 班对比对照班 556、566、565 在各方面均有较大幅度的提高。其中,原初一的 563 班经历了由学校薄弱班向学校优秀班的转变,并被评为区级先进班集体。在最近一年的两次区检测中无论学优生人数还是总平均分、低分率统计实验班 551、561、563 均超对照班 556、566、565 班 20 个百分点左右。

实验班前后测结果

表 3.1　实验班适应性测验（AAT）前测结果的平均分、标准差

内　容	学习热情	学习计划	听课方法	读记方法	学习技术	应试方法	家庭环境	学校环境	朋友关系	独立性	毅力	心身健康	量表总分
平均分	45.4	43.9	46.0	44.0	40.8	44.2	50.2	51.2	47.9	46.3	43.2	46.4	41.1
标准差	10.2	9.1	11.2	9.8	9.0	9.4	11.4	10.0	8.1	9.5	8.2	11.1	7.8
等级	3	2	3	2	2	2	3	3	3	2	2	3	2

表 3.2　实验班适应性测验（AAT）后测结果的平均分和标准差

内容	学习热情	学习计划	听课方法	读记方法	学习技术	应试方法	家庭环境	学校环境	朋友关系	独立性	毅力	心身健康	量表总分
平均分	48.8	50.1	53.0	49.2	47.8	52.4	51.9	55.0	50.3	59.3	49.8	62.0	52.2
标准差	10.2	8.	8.4	7.7	6.1	8.5	11.5	10.5	7.7	8.7	7.1	9.0	9.1
等级	3	2	3	2	2	3	3	3	3	2	3	2	

表 3.3　对照班的测验结果的平均分和标准差

内容	学习热情	学习计划	听课方法	读记方法	学习技术	应试方法	家庭环境	学校环境	朋友关系	独立性	毅力	心身健康	量表总分
平均分	44.7	43.5	44.0	43.9	41.7	44.8	48.3	45.8	47.6	48.0	49.3	47.6	41.5
标准差	9.8	8.5	10.0	10.2	9.7	8.8	8.9	9.5	9.0	8.2	8.2	7.7	8.6
等级	2	2	2	2	2	2	3	3	3	3	3	3	2

表 3.4　实验班学习适应性测验的前后测结果进行相关样本的 t 检验

内容	学习热情	学习计划	听课方法	读记方法	学习技术	应试方法	家庭环境	学校环境	朋友关系	独立性	毅力	心身健康	量表总分
d	3.59	5.78	6.78	4.78	6.16	7.97	1.88	2.97	1.63	12.63	6.06	16.03	9.22
S	6.52	4.32	5.61	4.28	3.70	5.35	10.22	11.17	3.59	10.02	3.90	9.53	3.42
t	3.07	7.45	6.74	6.22	9.26	8.29	1.02	1.48	2.52	7.02	8.64	9.37	15.01

表 3.5　实验班和等组对照班学习适应性测验独立样本的 t 检验

内容	学习热情	学习计划	听课方法	读记方法	学习技术	应试方法	家庭环境	学校环境	朋友关系	独立性	毅力	心身健康	量表总分
t	1.58	2.99	3.01	2.28	2.93	3.40	1.35	3.55	1.26	5.17	0.25	6.33	4.67

四　学习适应性测量结果的讨论分析

（一）讨论个别化教学是否在测验的 12 个方面影响学习适应性

结合表 3.4 讨论个别化教学是否在测验的 12 个方面影响学习适应性。

学生学习动力不足，缺乏学习热情和目标

1. 表现

（1）经常迟到或早退，对学习没有兴趣。

（2）对成绩好坏持无所谓态度，从不主动与人讨论学习问题。

（3）遇到难题就会退缩，不肯努力钻研。

（4）学习目的不明确。

2. 个别化教学对策

（1）帮助学生树立恰当的学习目标，使其经过努力，可以成功。

（2）在课上让其回答一些力所能及的问题，激发他追求成功的欲望，激发学习兴趣。

（3）多关心其学习情况，不断提出新的学习任务和要求，使其始终保持上进的势头。

（4）讨论个别化教学对策是否提高学生的学习热情。

3. 对 32 个被试进行学习适应性测验，其中学习热情方面结果如下，看前后测是否有差异

解：先算出对应值的差 d 以及 d 的平均数（3.594）和标准差（6.525）；$t=3.068$。查 t 值表，$df=n-1=31$ 时，$t(31)=2.75$（0.01 水平）；$t(31)=2.042$（0.05 水平）。可得：$2.042Z3.068$，$pZ0.01$。

因此，在学习热情方面，前测和后测有显著差异。

4. 个别化教学对学生的学习热情有显著影响，个别化教学策略应坚持并发扬

学生学习没有计划或计划性差

1. 表现

（1）学习目的不明确。

（2）学习热情和学习成绩不稳定。

（3）经常因看电视或贪玩挤掉学习时间。

（4）课前从不预习，课后从不复习，考前开夜车。

2. 个别化教学对策

（1）帮助学生树立恰当的学习目标，使其经过努力，可以成功。

（2）在课上让其回答一些力所能及的问题，激发学生追求成功的欲望，激发学习兴趣。

（3）帮助学生制订一套严格的学习、生活计划，并督促认真执行。

（4）及时表扬学生的进步，鼓励其保持。

3. 对 32 个被试进行学习适应性测验，其学习计划结果如下，看前后测是否有差异

解：先算出对应值的差 d 以及 d 的平均数（5.7813）和标准差（4.3201）；$t=7.45$。查 t 值表，$df=n-1=31$ 时，$t(31)=2.75$（0.01 水平）；$t(31)=2.042$（0.05 水平）。可得：2.75Z7.45，即 $p < 0.01$。

因此，在学习计划方面，前测和后测有显著差异。

4. 个别化教学对学生学习计划方面有显著影响，个别化教学策略应该坚持并发扬

学习基础差，听课方法差

1. 表现

（1）课堂上涉及旧知识时，学生表情茫然，听不懂或干脆不听。

（2）上课注意力不集中，易分神。

（3）学的东西丢三落四，系统性、整体性差。

2. 个别化教学对策

（1）提醒学生抓住老师开始和结束时讲课的内容。

（2）布置并督促学生预习，找出重点和难点。

（3）上课过程中经常提问或提示，使其注意力更加集中。

（4）培养学生的自学能力，指导学生有计划地学习旧知识。

（5）调整座位，发挥学优生对其的帮助作用。

3. 对 32 个被试进行学习适应性测验，其中听课方法结果如下，看前后测量是否有差异

解：先算出对应值的差 d 以及 d 的平均数（6.7813）和标准差（5.6054）；$t=6.74$。查 t 值表，$df=n-1=31$ 时，$t(31)=2.75$（0.01 水平）；$t(31)=2.042$（0.05 水平）。可得：2.75Z6.74，即 $p<0.01$。

因此，在学习计划方面，前测和后测有显著差异。

4. 个别化教学对学生的听课方法的改进有显著影响，个别化教学策略应该坚持并发扬

学习基础差，读记方法差

1. 表现

（1）课堂上涉及旧知识时，学生表情茫然，听不懂或干脆不听。

（2）回答问题或读课文等时，学生经常出错。

（3）记忆效果差。

2. 个别化教学对策

（1）布置每天强化读记并请组长和课代表督促。

（2）讲授新课前，督促学生预习并消灭造成读记困难的"拦路虎"。

（3）加大阅读量，扩大知识面，提高学生的理解能力。

3. 对 32 个被试进行学习适应性测验，其中读记方法结果如下，看前后测量是否有差异

解：先算出对应值的差 d 以及 d 的平均数（4.7813）和标准差（4.2774）；$t=6.22$。查 t 值表，$df=n-1=31$ 时，$t(31)=2.75$（0.01 水平）；$t(31)=2.042$（0.05 水平）。可得：2.75N6.22，即 $p<0.01$。

因此，在读记方面，前测和后测有显著差异。

4. 个别化教学对学生读记方法的改善有显著影响，个别化教学策略应该坚持并发扬

学习技术较差

1. 表现

（1）使用或创造学习辅助手段以促进学习效率的能力较差，不能很好地利

用图、表或文章中的主要信息进行学习。

（2）不会选择学习要点。

（3）出错之后，不注重总结。

（4）信息加工能力较差，不能很好地将所学的知识前后联系起来并转化为自己的东西。

2. 个别化教学对策

（1）上课过程中都对知识的重点、难点要反复强调，并教给学生如何识别热点、考点。

（2）督促学生要善于总结平时的错误，注意利用重点信息进行学习。

（3）指导学生对于所学内容及时复习，复习要把教师讲授的内容用自己的话来复述，将其真正转化为学生自己的东西；把当前所学和以前的知识联系起来。

3. 对 32 个被试进行学习适应性测验，其中学习技术结果如下，看前后测量是否有差异

解：先算出对应值的差 d 以及 d 的平均数（6.1563）和标准差（3.7006）；$t=9.26$。查 t 值表，$df=n-1=31$ 时，$t(31)=2.75$（0.01 水平）；$t(31)=2.042$（0.05 水平）。可得：2.75Z9.26，即 $p<0.01$。

因此，在学习技术方面，前测和后测有显著差异。

4. 个别化教学对学生学习技术的提高有显著影响，个别化教学策略应该坚持并发扬

考试策略较差

1. 表现

（1）平时缺乏考试意识。

（2）考前没有应对计划，不会合理安排复习。

（3）考试时不讲究策略，一旦遇到不会做的题就紧张。

2. 个别化教学对策

（1）强化学生的考试意识，在平时学习或复习时多考虑一下哪些是考试内容。

（2）考试之前帮助学生制订应考计划，合理安排好复习时间。

（3）教给学生考试技巧。

3. 对 32 个被试进行学习适应性测验,其中应试方法结果如下,看前后测量是否有差异

解:先算出对应值的差 d 以及 d 的平均数(7.9688)和标准差(5.3531);$t=8.29$。查 t 值表,$df=n-1=31$ 时,$t(31)=2.75$(0.01 水平);$t(31)=2.042$(0.05 水平)。可得:2.75Z8.29,即 $p<0.01$。

因此,在应试方法方面,前测和后测有显著差异。

4. 个别化教学对学生应试方法的改善有显著影响,个别化教学策略应该坚持并发扬

家庭学习环境差

1. 表现

(1)家庭不和或父母离异,孩子心情不佳,无心学习。

(2)父母对孩子的学习漠不关心或经常让其干活,影响孩子学习。

2. 个别化教学对策

(1)加强家校联系,开办家长学校,形成教育合力。

(2)学生谈心,对家庭成员及家庭学习环境有积极的认识。

(3)鼓励学生发挥自己的作用,促进家庭环境的改善。

3. 对 32 个被试进行学习适应性测验,其中家庭环境结果如下,看前后测量是否有差异

解:先算出对应值的差 d 以及 d 的平均数(1.875)和标准差(10.2248);$t=1.02$。查 t 值表,$df=n-1=31$ 时,$t(31)=2.75$(0.01 水平);$t(31)=2.042$(0.05 水平)。可得:1.02Z2.042。

因此,在家庭环境方面,前测和后测无显著差异。

4. 个别化教学对学生的家庭环境没有影响

(1)学校和家长联系不够,家长和学校之间需要形成教育合力。

(2)家长不重视教育,对于学校的工作不配合,形不成合力。

学校环境差

1. 表现

(1)班风不正,没有学习的氛围。

（2）教师教学不得法，教学能力差，教育不当等。

2. 个别化教学措施

（1）加强家校联系，开办家长学校，形成教育合力。

（2）建立良好的班风和校风。

（3）教师要自觉进修、学习，提高自身素质，提高教育水平。

3. 对 32 个被试进行学习适应性测验，其中学校环境结果如下，看前后测量是否有差异

解：先算出对应值的差 d 以及 d 的平均数（2.9688）和标准差（11.1733）；$t=1.48$ 查 t 值表，$df=n-1=31$ 时，$t(31)=2.75$（0.01 水平）；$t(31)=2.042$（0.05 水平）。可得：1.48Z2.042。

因此，在学校环境方面，前测和后测无显著差异。

4. 个别化教学对学校环境没有影响

（1）个别化教学对于学校的校风和班风建设作用不大。

（2）个别化教学对教师的要求较高，而教师本身素质能力参差不齐或不重视个别化教学。

（3）了解学生不够，没有丰富的业余文化生活吸引学生。

朋友关系方面差，缺少朋友

1. 表现

（1）经常独来独往，孤僻。

（2）只交往自己喜欢的人，但关系时好时坏。

2. 个别化教学对策

（1）组织"如何让友谊之树常青"的集体辅导课。

（2）有意识地让部分热心人主动接近这类学生并与其交往。

（3）组织丰富多彩的有利于交往的活动，增加其交往的机会。

（4）建立良好的师生关系，强化个别心理辅导。

3. 对 32 个被试进行学习适应性测验，其中朋友关系结果如下，看前后测量是否有差异

解：先算出对应值的差 d 以及 d 的平均数（1.625）和标准差（3.5947）；$t=2.52$。查 t 值表，$df=n-1=31$ 时，$t(31)=2.75$（0.01 水平）；$t(31)=2.042$（0.05

水平)。可得:2.042Z2.52Z2.75,即 $p < 0.05$。

因此,在朋友关系方面,前测和后测有显著差异。

4. 个别化教学对学生的朋友关系的改善有显著影响,个别化教学策略应该坚持并发扬

独立性差

1. 表现

(1)在生活中遇见问题便畏难,不愿面对,经常把问题推给别人去解决。

(2)自己的事自己不干。干值日等不会干,不干或偷懒。

2. 个别化教学对策

(1)组织集体辅导课,使其深知独立的必要性。

(2)和家长联系,要求家长放手让孩子独立处理一些事情。

(3)发现进步及时表扬,促其坚持下去。

(4)举行方法交流会,让独立性强的同学介绍经验。

3. 对 32 个被试进行学习适应性测验,其中独立性结果如下,看前后测量是否有差异

解:先算出对应值的差 d 以及 d 的平均数(12.625)和标准差(10.0180);$t=7.02$。查 t 值表,$df=n-1=31$ 时,$t(31)=2.75(0.01$ 水平$)$;$t(31)=2.042(0.05$ 水平$)$。可得:2.75Z7.02,即 $p < 0.01$。

因此,在独立性方面,前测和后测有显著差异。

4. 个别化教学对学生的独立性的培养有显著影响,个别化教学策略应该坚持并发扬

毅力差

1. 表现

(1)教师或家长管得紧时学习十分努力,成绩较好,反之则不学习。

(2)只喜欢学感兴趣的课,否则便开小差。

(3)学习上怕吃苦,做事有始无终。

2. 个别化教学对策

(1)建立严格的班级管理制度,及良好的班风、学风,使其受到环境的感染。

（2）教学力求生动有趣，建立良好的师生关系，使其对所有的学科都感兴趣，都愿意学习。

（3）设定一定的情境，有意识地锻炼其克服困难的意志品质。

（4）加强对学生的心理辅导。

（5）组织有益的集体活动。

3. 对 32 个被试进行学习适应性测验，其中毅力结果如下，看前后测量是否有差异

解：先算出对应值的差 d 以及 d 的平均数（6.0625）和标准差（3.9046）；$t=8.64$。查 t 值表，$df=n-1=31$ 时，$t(31)=2.75$（0.01 水平）；$t(31)=2.042$（0.05 水平）。可得：2.75Z8.64，即 $p < 0.01$。

因此，在学生毅力的培养方面，前测和后测有显著差异。

4. 个别化教学对学生毅力的培养有显著影响，个别化教学策略应该坚持并发扬

心身健康水平低

1. 表现

（1）独立性差。

（2）性格内向，沉默寡言，孤僻。

（3）学习上怕吃苦，做事有始无终，意志薄弱。

2. 个别化教学对策

（1）建立严格的班级管理制度以及良好的班风、学风，使其受到环境的感染。

（2）建立良好的师生关系，使其对所有的学科感兴趣，愿意学习。

（3）设定一定的情境，有意识地锻炼其克服困难的意志品质。

（4）加强对学生的心理辅导。

（5）组织有益的集体活动。

3. 对 32 个被试进行学习适应性测验，其中心身健康结果如下，看前后测量是否有差异

解：先算出对应值的差 d 以及 d 的平均数（16.0313）和标准差（9.5279）；$t=9.37$。查 t 值表，$df=n-1=31$ 时，$t(31)=2.75$（0.01 水平）；$t(31)=2.042$（0.05

水平)。可得:2. 75Z9. 37,即 $p < 0.01$。

因此,在学生的心身健康方面,前测和后测有显著差异。

4. 个别化教学对学生的心身健康有显著影响,个别化教学策略应该坚持并发扬

讨论个别化教学是否对实验班学生学习适应性(量表总体)有影响

(1)解:先算出对应值的差 d 以及 d 的平均数(9.22)和标准差(3.42);$t=15.01$ 查 t 值表,$df=n-1=31$ 时,$t(31)=2.75$(0.01 水平);$t(31)=2.042$(0.05 水平)。可得:2. 75Z15. 01,即 $p < 0.01$。

因此,在学生的学习适应性方面,前测和后测有显著差异。

(2)这表明,经过个别化教学,学生的学习适应性有显著提高;同时,个别化教学应该坚持并发扬。

A. 学生的学习热情、学习计划、听课方法、读记方法、学习技术、应试方法、独立性、毅力、心身健康等 9 个影响学生学习适应性的因素后测的结果有了明显提高,与前测的结果差异显著(0.01 水平)。经过个别化教学,学生的朋友关系也有了提高,后测的结果与前测的结果差异显著(0.05 水平)。这表明,针对这 10 个方面的个别化教学措施卓有成效,应该坚持并发扬。

B. 个别化教学对学生的家庭环境、学校环境没有影响。

(二)讨论个别化教学是否对实验班学习适应性有影响

讨论结果

结合表 3.2 对比等组对照班,讨论个别化教学是否对实验班学习适应性有影响。

将实验班学习适应性测验的后测结果与等组对照班的测验结果进行独立样本的 t 检验,计算出 t 值:

解:先算出 t 值表,当 $df=32+30-2=60$ 时,$t(60)=2.66$(0.01 水平),$t(60)=2.00$(0.05 水平)。可得:2. 66N4. 67,即 pNO. 01。

因此,在学生的学习适应性方面,实验班和对照班有显著差异。

由以上的结果可得出如下结论。

(1)对比没有经过个别化教学的学生,经过个别化教学的学生的学习计划、听课方法、学习技术、应试方法、学校环境、独立性、心身健康 7 个影响学习适应性的因素测验的结果有了明显提高,与对照班测验的结果差异显著(0.01 水平)。

(2)对比没有经过个别化教学的学生,经过个别化教学的学生的读记方法测验的结果有了提高,与对照班测验的结果差异显著(0.05 水平)。

(3)是否进行个别化教学,对学生的学习热情、家庭环境、朋友关系的改善、毅力的培养没有影响。

由此说明,个别化教学能够促进学生学习热情、家庭环境、朋友关系、毅力之外的其他影响学习适应性因素的发展,相关的个别化教学措施应发扬。

个别化教学未对学习热情、家庭环境、朋友关系、毅力等产生影响。

(1)探讨个别化教学之所以没有对学生的学习热情产生影响,原因可能是:

① 没有改变学生成绩的不良现状,学生体验到学习过程中的失败、痛苦乃至麻木;② 教学内容和过程缺乏趣味性;③ 应试教育形势下,学生一天的课程安排得满满的,对学习产生疲劳。

(2)探讨个别化教学之所以没有对家庭环境产生影响原因可能是:① 学校和家长联系不够,家长学校的教育效果不好,家长和学校没有形成教育合力;② 个别家长素质或能力低,部分家长不重视教育,对于学校的工作不配合,形不成合力;③ 部分学生生长在单亲家庭等。

(3)探讨个别化教学之所以没有对学生的朋友关系产生影响,原因可能是:

① 个别化教学忽视了学生之间交往技巧的指导;② 没有组织丰富多彩的活动,使学生缺少交往的机会。

(4)探讨个别化教学之所以没有对学生的毅力产生影响,原因可能是:

① 集体建设不够没有形成良好的班风、学风带动他进步;② 教学过程没有走入学生的心田,缺乏趣味性,学生不愿意跟着学;③ 设定一定的情境,有意识地锻炼其克服困难的意志品质的工作不到位。

(三)讨论个别化教学措施之分层递进教学模式的实施分层递进教学模式实施五步骤

(1)帮助学生自知,引导学生自主选层,确定自主发展目标。

(2)正确认识自我,自主选层,合理选择目标。

(3)组建学生合作学习小组,制定小组合作目标。

(4)分层施教,探索建立"自主选层合作达标"的教学模式。

（5）分层评价。其主导思想是多几把尺子,内容要科学;多几个尺度,标准有差异;多几种评法,方式要多样等。

讨论分层递进教学模式的意义

（1）过程与结果评价结合起来,突出过程性评价,便于督促学生与合作组随时自我调控达标情况。

（2）把学生自评和组内互评相结合,有利于培养学生的自主意识、集体荣誉感,提高合作效能,促进个人和小组及早实现整体达标。

（3）教师在课堂和阶段性测评中建立学生合作组之间的评比竞争机制,有利于在小组间形成你追我赶的良性竞争,刺激和强化小组学生共同发展的意识。

（4）及时反馈矫正能使教师及时了解学生平时的表现的过程达标情况,鼓励学生的积极行为,矫正学生不良的学习行为和不当的学习方法。

（5）阶段性反馈矫正,动态分层分组。一个阶段过后,在阶段考察的基础上帮助学生重新进行自我认知,引导学生合理选择下一阶段的目标,对有较大进步的学生可鼓励引导其选择高一个层次,对离目标有较大差距或退步较大者应建议其降低目标层次,并帮助他们查找原因,激励进步。

分层次教学的成绩

一个学期以来,笔者根据小组合作达标进展情况,研究实验中出现的新问题,指导任科教师及时进行相应的整改,对分层次教学模式的开展起到很好的调控作用。期末笔者对分层次教学的实施情况进行了一次阶段性的总结,为新学期对分层次教学实验活动的进一步开展奠定了坚实的基础。

实施个别化教学策略和分层递进教学近两年的时间中,实验班551、561、563班对比对照班556、566、565在各方面均有较大幅度的提高。其中,原初一的563班经历了由学校薄弱班向学校优秀班的转变,并被评为区级先进班集体。在最近一年的两次市区统考中无论学优生人数还是总平均分、低分率统计实验班551、561、563均超对照班556、566、565班20个百分点左右。

（四）讨论个别化教学措施之个案分析

赵某,男,14岁,初一学生,父母均为工人,初中文化程度。该生的心理特点及建议有如下内容。

学习优势和劣势

1. 学习优势

（1）学习态度较好。

（2）学习环境较好。家庭环境、学校环境、朋友关系的等级都在中上水平。

（3）时间管理能力较强，但有时会拖延学习时间。

（4）听课方法较好，知道应该如何听课。

2. 学习劣势

（1）学习动机不足，不清楚自己的学习目标。

（2）学习缺乏计划性，学习之前不能做好充分地准备，经常因看电视或贪玩挤掉学习的时间。

（3）学习技术欠缺。出错之后，不注重总结；使用或创造学习辅助手段以促进学习效率的能力较差，不能很好地利用图、表或文章中的主要信息进行学习；信息加工能力较差，不能很好地将所学的知识前后联系起来并转化为自己的东西；不会选择学习要点。

（4）不能很好集中注意力，专心程度不足。

（5）缺乏考试意识，在学习或复习时很少考虑哪些是考试内容；缺乏有效的考试策略，不会制订合理的应考计划，有时会考得太差。

个别化学习建议

（1）树立合适的学习目标，制订好学习计划，并认真实施，不要拖拉。

（2）对于平时的错误要善于总结，注意利用重点信息进行学习。

（3）对于所学内容及时复习。复习时注意，把教师讲授的内容用自己的话来复述，将之真正转化为自己的东西；把当前所学和以前的知识联系起来。

（4）树立考试意识，加强应考训练。

个别化教育建议

（1）帮助学生制订一套严格的学习、生活计划，树立恰当的学习目标，并督促认真执行。

（2）指导学生学会学习，平时注意总结，抓住要点，及时复习。

（3）强化学生的考试意识，考试之前帮助学生制订应考计划，合理安排好复习时间，教给学生考试技巧。

心理特点及建议

1. 据观察,该生总体心理健康水平不错,但是有两点需要注意

(1)有过敏倾向,容易为一些小事烦恼。

(2)身体状态得分也较高,这和其焦虑水平有关。

2. 学习建议

(1)放松心情,树立远大的理想和目标,尽是避免陷入一些小事的困扰。

(2)多看一些名人传记,学习名人的宽阔胸怀和高尚精神。

3. 教育建议

(1)由于该生过于敏感,教师在与其交流时要尽力注意自己的言行,以免对其造成伤害。

(2)加强关心与帮助。

(3)帮助其开阔胸怀,放松心情。

研究结果

由于笔者和该同学在实施措施上达成了一致,所以实施过程比较顺畅,经过两年多的努力,该生能正确处理学习和踢足球的关系,也融入了班级的"学习集团",受力求上进的同学的熏陶,他改正了许多不良习惯,积极情绪逐渐成为其情绪的主流,能做到体谅他人,与同学关系融洽,与高票加入光荣的中国共青团。

一系列个别化教学教育手段带动了该生学习成绩的提高,促进了该生的心理健康。他的成绩由班内的 30 多名跃居 25 名、17 名、13 名,并在初二的区统考中考出了第 5 名的好成绩。现在该生已升入省某重点高中。

（五）通过个别化教学促进学生学习适应性发展的研究结果

实施个别化教学前后的同一个实验班

（1）学生的学习热情、学习计划、听课方法、读记方法、学习技术、应试方法、独立性、毅力、心身健康 9 个影响学习适应性的因素测验的结果,与前测的结果差异显著（0.01 水平）。经过个别化教学,学生的朋友关系也有了提高,后测的结果与前测的结果差异显著（0.05 水平）。这说明,针对这 10 个方面的个别化教学措施卓有成效,应该坚持并发扬。

（2）个别化教学对学生的家庭环境、学校环境没有影响，需要改进。

对比没有经过个别化教学的对照班的学生

（1）经过个别化教学的学生的学习计划、听课方法、学习技术、应试方法、独立性、心身健康等6个影响学习适应性的因素测验的结果有了明显提高，与对照班测验的结果差异显著（0.01水平）。经过个别化教学的学生的读记方法测验的结果有了提高，与对照班测验的结果差异显著（0.05水平）。

（2）是否进行个别化教学，对学生的学习热情、学校环境、家庭环境、朋友关系的改善、毅力的培养没有影响，需要下一步进行改善。

实施分层次教学的班级对比对照班在各方面均有较大幅度的提高

其中，原初一的563班经历了由学校薄弱班向学校优秀班的转变，并被评为区级先进班集体。在最近一年的两次市区统考中，无论学优生人数还是总平均分、低分率统计实验班563均超对照班565班20个百分点左右。

经过个案分析，个别化教学能够促进学生个体学习适应性的提高和改善。

五　附录与图表

附录一

表 5.1　实验班适应性测验（AAT）前测结果（由原始分换算成的标准分）记录

编号	学习态度			学习技术			学习环境			身心健康			量表总分	等级
	学习热情	学习计划	听课方法	读记方法	学习技术	应试方法	家庭环境	学校环境	朋友关系	独立性	毅力	心身健康		
1	34	36	38	45	36	37	64	37	32	30	38	30	32	1
2	65	48	65	64	49	57	83*	63	51	47	57	67	57	4
3	36	40	47	34	36	32	46	54	47	52	27	36	35	2
4	57	55	62	58	57	49	57	67	47	45	48	65	56	4
5	42	58	57	34	40	41	34	52	44	61	34	32	39	2
6	42	36	41	58	48	46	40	52	54	45	48	28	41	2
7	39	48	47	52	51	44	49	36	41	34	48	36	40	2
8	44	63	47	41	42	52	57	52	41	41	47	60	45	3
9	42	36	33	41	32	44	43	52	41	67	35	38	36	2
10	44	48	47	58	57	46	64	52	54	52	51	52	50	3
11	39	29	44	41	34	37	34	49	47	34	44	55	35	2
12	44	36	60	58	42	44	54	58	54	52	44	44	46	3
13	32	38	28	37	36	39	42	50	55	39	38	57	35	2
14	39	33	33	30	28	34	38	42	45	39	38	39	30	1
15	51	51	57	37	44	47	55	56	60	47	54	53	46	3
16	51	48	57	48	36	47	52	34	48	43	54	49	42	2
17	42	38	41	30	41	51	42	50	51	34	38	49	36	2
18	39	43	62	51	49	42	45	53	32	56	38	36	40	2
19	65	65	60	51	49	60	55	67	51	47	54	42	53	3
20	65	51	53	54	44	67	60	56	60	51	51	57	53	3
21	51	46	60	48	54	57	68	50	60	47	45	53	49	3
22	44	55	50	46	36	52	67	67	41	52	54	67	47	3
23	44	41	44	32	34	37	65	65	51	74	45	28	40	2

编号	学习态度			学习技术			学习环境			身心健康			量表总分	等级
	学习热情	学习计划	听课方法	读记方法	学习技术	应试方法	家庭环境	学校环境	朋友关系	独立性	毅力	心身健康		
24	47	41	53	52	43	54	49	54	62	48	48	52	48	3
25	36	33	25	29	32	22	26	30	44	34	29	36	25	1
26	44	41	28	38	32	31	49	43	54	45	34	52	35	2
27	47	46	47	43	51	47	52	49	38	36	54	27	41	2
28	24	27	25	27	30	29	34	41	58	52	31	52	28	1
29	51	38	36	34	32	34	49	71	51	41	51	44	39	2

注:团体名称:济南明湖中学 56 级 3 班,总人数 35。

附录二

表5.2 实验班学习适应性测验后测结果(由原始分换算成的标准分)记录

编号	学习态度			学习技术			学习环境			身心健康			量表总分
	学习热情	学习计划	听课方法	读记方法	学习技术	应试方法	家庭环境	学校环境	朋友关系	独立性	毅力	心身健康	
1	51	49	44	51	44	51	64	37	38	47	49	67	46
2	65	65	65	64	57	63	83	63	51	66	59	74	68
3	38	46	52	40	41	39	48	60	47	61	35	42	42
4	65	58	65	60	59	67	60	71	64	51	59	67	66
5	54	61	59	48	46	54	35	56	43	61	37	57	49
6	54	43	49	60	51	51	42	56	55	47	53	63	51
7	41	55	52	54	54	67	52	37	41	56	53	54	51
8	58	65	65	54	49	60	60	56	41	61	49	67	58
9	44	38	46	51	39	51	45	56	41	51	46	62	44
10	48	55	59	60	59	54	64	56	55	61	53	67	60
11	41	43	52	54	41	51	35	53	47	39	49	62	45
12	48	46	62	60	49	57	55	63	55	61	46	67	57
13	33	43	46	43	46	51	42	50	55	47	53	75	46
14	51	41	44	40	41	39	55	56	50	66	49	57	45
15	51	61	52	48	54	54	52	34	60	61	56	67	55

续表

编号	学习态度			学习技术			学习环境			身心健康			量表总分
	学习热情	学习计划	听课方法	读记方法	学习技术	应试方法	家庭环境	学校环境	朋友关系	独立性	毅力	心身健康	
16	41	58	59	51	44	54	42	50	51	56	56	62	51
17	44	43	49	37	41	57	45	53	51	51	43	53	41
18	35	46	69	51	49	45	55	67	32	66	40	53	48

注:团体名称:济南明湖中学 56 级 3 班,总人数 35。

附录三

表5.3 对照学习适应性测验(AAT)后测结果(由原始分换算成的标准分)记录

编号	学习态度			学习技术			学习环境			身心健康			量表总分	等级
	学习热情	学习计划	听课方法	读记方法	学习技术	应试方法	家庭环境	学校环境	朋友关系	独立性	毅力	心身健康		
1	35	33	35	30	34	34	38	46	29	36	41	30	27	1
2	35	36	38	37	32	39	42	34	42	39	38	46	30	1
3	48	52	52	48	54	45	52	37	48	36	51	57	46	3
4	44	55	44	64	59	54	60	37	64	47	45	46	50	3
5	48	41	49	54	49	47	45	42	51	66	45	67	47	3
6	38	38	38	45	36	39	64	56	48	61	51	53	43	2
7	23	43	22	22	36	31	45	37	32	43	45	39	26	1

注:团体名称:济南明湖中学 56 级 5 班,被试人数 30。

附录四

表5.4 实验班学习适应性测验(AAT)前测结果(原始分)记录

编号	学习热情	学习计划	听课方法	读记方法	学习技术	应试方法	家庭环境	学校环境	朋友关系	独立性	毅力	心身健康	总分
1	8	6	7	11	6	7	16	8	8	8	8	7	100
2	18	11	16	17	11	14	20	16	14	13	14	17	181
3	9	9	11	7	6	6	12	15	13	14	3	9	114
4	16	14	16	16	15	13	15	18	13	12	12	17	177
5	11	15	14	7	8	10	8	14	12	16	5	8	128
6	11	7	9	16	12	12	10	14	15	12	12	6	136

续表

编号	学习热情	学习计划	听课方法	读记方法	学习技术	应试方法	家庭环境	学校环境	朋友关系	独立性	毅力	心身健康	总分
7	10	12	11	14	13	11	13	8	11	9	12	9	133
8	12	16	11	10	9	14	15	14	11	11	11	16	150
9	11	7	6	10	4	11	11	14	11	17	7	10	119
10	12	12	11	16	15	12	16	14	15	14	12	14	163
11	10	4	10	10	5	8	8	13	13	9	10	15	115
12	12	7	15	16	9	11	14	16	15	14	10	12	151
13	7	7	4	8	6	8	10	12	15	11	8	15	111
14	10	5	6	5	2	6	9	10	12	11	8	6	94
15	14	12	14	8	9	11	14	14	16	13	13	14	152
16	14	11	14	12	6	11	13	7	13	12	13	13	139
17	11	7.	9	5	8	12	10	12	14	9	8	13	118
18	10	9	16	13	11	9	11	13	8	15	8	9	132
19	18	16	15	13	11	15	15	17	14	13	13	11	170
20	18	12	13	14	9	17	15	14	16	14	12	15	169
21	14	10	15	12	13	14	17	12	16	13	10	14	160
22	12	13	12	12	6	11	14	18	11	14	14	16	153
23	12	8	10	6	5	7	17	17	14	18	11	6	131
24	13	8	13	14	10	13	12	15	12	13	12	14	155
25	9	5	3	5	4	1	4	6	12	9	4	9	71
26	12	8	4	9	4	5	13	11	15	12	7	14	114
27	13	10	11	11	13	11	14	13	10	10	14	5	135
28	4	2	3	3	3	4	8	10	16	14	5	14	86
29	14	9	7	7	4	6	13	19	14	11	13	12	127
30	14	12	8	14	7	11	10	16	14	13	9	12	140
31	13	9	9	12	6	10	11	13	11	14	9	14	131
32	16	13	13	14	14	14	15	14	14	13	10	13	163

注:(1)团体名称:济南明湖中学56级3班,总人数35。

(2)标准分和5等级是以本班级回答有一贯性的学生(即无N者)的测验结果为基础的统计数据。回答没有一贯性的学生(即有N者)的测验结果因为无效故未统计在内。

(3)本班级各个因素的标准分和5等级水平与全国标准分、等级水平相比较,可知本班级倾向性的问题是什么。

附录五

表5.5 实验班学习适应性测验（AAT）后测结果（原始分）记录

编号	学习态度			学习技术			学习环境			身心健康			量表总分
	学习热情	学习计划	听课方法	读记方法	学习技术	应试方法	家庭环境	学校环境	朋友关系	独立性	毅力	心身健康	
1	13	11	9	13	9	12	16	8	10	13	12	17	143
2	17	16	16	17	14	16	19	16	14	17	16	18	196
3	9	10	12	9	8	8	12	15	13	16	7	11	130
4	17	14	16	16	15	17	15	18	17	14	16	17	192
5	14	15	14	12	10	13	8	14	12	16	8	15	151
6	14	9	11	16	12	12	10	14	15	13	14	16	156
7	10	13	12	14	13	17	13	8	11	15	14	14	154
8	15	16	16	14	11	15	15	14	11	16	12	17	172
9	11	7	10	13	7	12	11	14	11	14	11	16	137
10	14	13	14	16	15	13	16	14	15	16	14	17	177
11	12	9	12	14	8	12	8	13	13	11	12	16	140
12	16	10	15	16	11	14	14	16	15	12	11	17	171
13	10	9	10	10	10	12	10	12	15	13	14	18	143
14	12	8	9	9	8	8	14	14	14	17	12	15	140
15	16	15	12	12	13	13	13	7	16	16	15	17	165
16	10	14	13	13	9	13	10	12	14	15	15	16	155
17	11	9	11	8	8	14	11	13	14	14	10	14	128
18	8	10	17	13	12	10	14	17	8	17	9	14	148
19	17	16	16	13	12	15	15	12	14	18	15	16	181
20	18	12	13	14	10	17	17	12	16	13	14	17	173
21	14	12	15	12	13	15	14	18	16	17	15	18	179
22	11	13	12	12	9	13	17	13	11	15	16	16	162

注：团体名称：济南明湖中学56级3班，总人数35。

附录六

表 5.6　对照班 56 级 5 班学习适应性测验（AAT）前测结果（原始分）记录

编号	学习态度			学习技术			学习环境			身心健康			量表总分
	学习热情	学习计划	听课方法	读记方法	学习技术	应试方法	家庭环境	学校环境	朋友关系	独立性	毅力	心身健康	
1	8	5	6	5	5	6	9	11	7	10	9	7	88
2	8	6	7	8	2	8	10	7	9	11	8	12	96
3	12	12	12	12	13	10	13	8	13	10	12	15	142
4	11	13	9	17	15	13	15	8	17	13	10	12	153
5	12	8	11	14	11	11	11	10	14	17	10	17	146
6	9	7	7	11	6	16	16	14	13	16	12	14	135
7	3	9	1	1	6	5	11	6	8	12	10	10	82
8	8	4	6	7	8	7	10	4	9	14	5	10	92
9	12	11	9	9	7	13	8	12	13	15	10	11	130
10	10	12	14	11	13	11	15	14	17	9	15	14	155
11	9	6	5	5	4	6	12	11	16	15	9	14	112
12	4	7	6	9	2	6	9	11	9	10	9	12	95
13	6	3	8	3	3	7	7	9	15	12	7	9	89
14	18	9	12	12	14	11	12	15	14	13	15	14	159
15	13	8	6	11	8	15	17	7	14	15	15	11	127
16	13	14	14	11	11	14	12	11	12	14	14	15	145
17	14	7	10	11	7	8	9	15	10	13	12	13	129
18	7	13	13	13	12	13	13	16	16	13	11	13	153
19	11	10	12	11	11	10	13	14	15	15	12	15	149

附录七：学习适应性测验（AAT）

指导语

这个调查不是为了了解你的能力和性格，而是要详细地调查研究，如何进行学习，才能根据你的性格、健康状况和环境条件，充分提高你的学习能力。因此，你实际上是怎么做的，怎么想的，就怎么回答。如果回答的内容与平日情况不同，那这项调查对你是没有用处的。

回答方法：本调查每一问题都有三个可供选择的答案（a、b、c），回答用纸上相应地附有 a、b、c 三个可供选择的英文字母，请把你所选择的答案在相应的英文字母上画一个圆圈。答案做在"AAT 回答用纸"的左上角。

注意事项：

A. 按你平时所想和所做的，如实地回答。

B. 每一个问题都要回答，但只能选择一个答案，如果认为没有合适的答案，可以选出与自己比较接近的。

C. 不要与同学商量，不要照抄同学的答案。

D. 不明白题目意思或者不认识的字，可举手问老师。

E. 修改答案时，要用橡皮擦干净。

F. 回答时间没有限制，但不要过分考虑，请写出你最初想到的答案。

G. 测题必须保持整洁，每一问题答案应做在"AAT 回答用纸"上。

【测试】

1. 没有大人督促，你能主动学习吗？

　（a）主动　　　　　　（b）有时主动　　　　　（c）不主动

2. 你是否认为不努力学习是不行的？

　（a）总是认为　　　　（b）时常认为　　　　　（c）偶尔认为

3. 你学习时能否一坐到桌子前就马上开始学习？

　（a）能马上开始

　（b）有时不能马上开始

　（c）怎么也不能马上开始

4. 坐到书桌前进行学习时，你是否感到厌烦？

　（a）立刻厌烦　　　　（b）有时厌烦　　　　　（c）不厌烦

5. 你讨厌学习时是否找"头痛""肚子痛"等理由为借口？

（a）有时找　　　　　　（b）常常不找　　　　　（c）决不找

6. 你是否认为,根据自己的情况,必须拼命学习?

　　（a）总是认为　　　　　（b）常常认为　　　　　（c）偶尔认为

7. 你是否认为,自己不专心,没有毅力,不能继续学习?

　　（a）一直那样认为　　　（b）有时那样认为　　　（c）不认为

8. 你是否认为学习没意思?

　　（a）经常认为　　　　　（b）有时认为

9. 成绩不好的科目你是否更努力去学习?

　　（a）会更努力学习

　　（b）有时会更努力学习

　　（c）不会更努力学习

10. 学习时,你是否会因为思想开小差而浪费时间?

　　（a）经常这样　　　　　（b）有时这样　　　　　（c）不这样

11. 在家学习时,你是否规定好什么时间学习什么功课?

　　（a）有规定　　　　　　（b）有时规定　　　　　（c）没有规定

12. 你是不是遵守自己制订的学习计划?

　　（a）经常遵守　　　　　（b）有时遵守　　　　　（c）几乎不遵守

13. 为了更好地学习,你是否考虑过你学习方法的优点和缺点?

　　（a）经常考虑　　　　　（b）有时考虑　　　　　（c）不考虑

14. 你有没有因为看电视或和同学朋友玩耍的时间过长而挤占了学习的时间?

　　（a）经常这样　　　　　（b）有时这样　　　　　（c）不这样

15. 学习时,你能努力在规定时间内完成任务吗?

　　（a）总是努力　　　　　（b）有时努力　　　　　（c）不努力

16. 在假期中,你是否利用休息时间进行学习?

　　（a）常常利用　　　　　（b）有时利用　　　　　（c）不利用

17. 你是否为了学习而不按时吃饭和睡眠?

　　（a）经常是　　　　　　（b）有时是　　　　　　（c）不是

18. 你是否能在规定的时间内拼命学习,然后心情爽快地去做其他事情?

　　(a)基本上这样　　　(b)有时这样　　　　(c)不这样

19. 你是否因夜里看电视或看书刊等而睡眠不足?

　　(a)经常是　　　　　(b)有时是　　　　　(c)不是

20. 在家学习时,你是否先准备好必要的用品,中间不再花时间去寻找?

　　(a)经常是这样　　　(b)有时这样　　　　(c)不这样

21. 在学校学习中,你是否认为困难而不能理解?

　　(a)常常认为　　　　(b)有时认为　　　　(c)不认为

22. 你是否会因为功课不理解而厌烦?

　　(a)经常厌烦　　　　(b)对有些学科厌烦　(c)不厌烦

23. 你是否预习功课?

　　(a)经常预习　　　　(b)有时预习　　　　(c)不预习

24. 学过一遍的东西你是否及时复习?

　　(a)基本上及时复习　(b)有时及时复习　　(c)往往不能及时复习

25. 老师留的课后作业,你是否尽早完成?

　　(a)基本上尽早完成　(b)有时尽早完成　　(c)往往不尽早完成

26. 课本学完之后,你是否用参考书和习题集等来测试自己的能力?

　　(a)基本上是　　　　(b)有时是　　　　　(c)不是

27. 上课时,你是否精神不集中做小动作或小声讲话而不听老师讲课?

　　(a)经常是　　　　　(b)有时是　　　　　(c)不是

28. 听课中有不明白的地方,你是否在休息时或放学后向老师或同学请教?

　　(a)基本上那样做　　(b)有时那样做　　　(c)不那样做

29. 在实验和实际操作时,你是否只看别人做,自己不动手?

　　(a)常常看别人做自己不动手

　　(b)常常自己做

　　(c)总是自己做

30. 在教室里,如果可随便坐位置时,你是否会坐到前面去?

　　(a)基本上坐到前面　(b)有时坐到前面　　(c)不坐到前面

31. 在看不懂课本和参考书时,你是否去查辞典或问别人?

　　(a)总是那样做　　　(b)有时不那样做　　(c)常常不那样做

32. 在读课本和参考书时，你是否对感到麻烦的问题而跳过不看？

    （a）经常跳过   （b）有时跳过   （c）不跳过

33. 学过课本和参考书之后，你是否会再考虑一下重要的地方？

    （a）基本上考虑   （b）有时考虑   （c）不考虑

34. 学习参考书和习题集时，你能否和课本上的内容联系起来？

    （a）基本上联系   （b）有时联系   （c）不联系

35. 只读一遍而不理解参考书的内容时，你是否认为内容太难而马上不读了？

    （a）基本上是   （b）有时是   （c）不是

36. 上课时，即使老师不要求，你也记笔记吗？

    （a）总是记   （b）有时记   （c）不记

37. 上课时，你是否为不能很好地记笔记而苦恼？

    （a）经常苦恼   （b）有时苦恼   （c）不苦恼

38. 上课时，你是否在重要的地方画线？

    （a）经常   （b）有时画   （c）不画

39. 画图表时，你是否尽量画得整齐？

    （a）画整齐   （b）基本上画整齐   （c）常画不整齐

40. 复习时，为了便于理解和记忆，你是否一边作摘录，一边用红笔做记号？

    （a）基本上那样做   （b）有时那样做   （c）不那样做

41. 在学习必须记住的东西时，你是否考虑它是什么意思，哪里重要？

    （a）基本上考虑   （b）有时考虑   （c）不考虑

42. 在记忆年代、地名、人名等内容时，你是否自己动脑筋，想办法？

    （a）基本上是   （b）有时是   （c）不是

43. 课本学习过之后，你是否尝试不看书而回想出它的要点？

    （a）基本上是   （b）有时是   （c）不是

44. 已经学习过一次的东西，你还会再复习一次吗？

    （a）几乎不复习   （b）有时复习   （c）经常复习

45. 你是否尝试利用课本和参考书的目录和索引，来检查自己记住了多少？

    （a）经常是   （b）有时是   （c）不是

46. 在学习课本和参考书时，你是否尝试自己提出和解答问题？

    （a）经常这样   （b）有时这样   （c）不这样

47. 解题时,你是否回想和利用以前学过的知识?

　　(a)基本上是　　　　(b)有时是　　　　　(c)不是

48. 在参考书和习题集上发现了你过去不能解答的问题的答案时,你是否会在两三天之内再次尝试去解决这个问题?

　　(a)基本上会　　　　(b)有时会　　　　　(c)不会

49. 遇到不会解答的难题时,你是否并不灰心,而是从多方面去思考?

　　(a)基本上是　　　　(b)有时是　　　　　(c)不是

50. 问题解答后,你是否重新检查和总结解题方法,并把它记住?

　　(a)基本上那样做　　(b)有时那样做　　　(c)不那样做

51. 在期中、期末等考试前,你是否制订计划进行复习?

　　(a)总是制订　　　　(b)有时制订　　　　(c)不制订

52. 期末考试时,你是否把没有学好的科目往后推,因而来不及复习?

　　(a)常常是　　　　　(b)有时是　　　　　(c)不是

53. 为了随时都能考得好,你是否平时努力复习学过的知识?

　　(a)基本上是　　　　(b)有时是　　　　　(c)不是

54. 在做复习题时,你是否像实际考试那样去做?

　　(a)经常是　　　　　(b)有时是　　　　　(c)不是

55. 你是否和朋友一起互相提问来检验自己的学习能力?

　　(a)经常是　　　　　(b)有时是　　　　　(c)不是

56. 在准备考试时,你不是用"对号"和"错号"来回答问题,而是写出答案,以便准确记忆吗?

　　(a)是这样　　　　　(b)有时这样　　　　(c)不这样

57. 考试时,你是否从简单的题目开始做起?

　　(a)总是这样　　　　(b)有时这样　　　　(c)不这样

58. 考试写完答案后,你是否一定进行检查?

　　(a)一定检查　　　　(b)有时检查　　　　(c)不检查

59. 试卷发回后,你是否不但看分数,而且还检查错在什么地方?

　　(a)必定检查　　　　(b)基本上检查　　　(c)不检查

60. 在考试中,你会犯以前的错误吗?

　　(a)经常犯　　　　　(b)有时犯　　　　　(c)不犯

61. 你在家里有固定的学习地方吗?

　　(a)有　　　　　　　(b)有时有　　　　　　(c)不是

62. 在家学习时,周围一吵,你是否就烦躁起来停止学习?

　　(a)基本上是　　　　(b)有时是　　　　　　(c)不是

63. 在家学习时,为了学习更好,你是否动脑筋想办法?

　　(a)经常是　　　　　(b)有时是　　　　　　(c)不是

64. 在家使用学习用品时,找来找去找不到,实际上在你手里,这种情况你有吗?

　　(a)经常有　　　　　(b)有时有　　　　　　(c)不是

65. 在家里为了改变学习场所的气氛,你是否移动桌子和书架或者换窗帘?

　　(a)经常那样做　　　(b)有时那样做　　　　(c)不那样做

66. 家里人对你的学习是否给予表扬和鼓励?

　　(a)经常是　　　　　(b)有时是　　　　　　(c)不是

67. 家里人和你谈话时,你是否好好听?

　　(a)总是好好听　　　(b)基本上听时　　　　(c)常常不听

68. 你是否因为惦记家里的事而不安心学习?

　　(a)经常是　　　　　(b)有时是　　　　　　(c)不是

69. 你带朋友回家时,家里人乐于接待吗?

　　(a)乐于接待　　　　(b)有时乐于接待　　　(c)不接待

70. 家里大人为了便于你学习是否考虑合适的吃饭时间?

　　(a)基本上考虑　　　(b)有时考虑　　　　　(c)不考虑

71. 你讨厌上学吗?

　　(a)经常讨厌　　　　(b)有时讨厌　　　　　(c)不讨厌

72. 你是否认为老师讨厌你?

　　(a)经常认为　　　　(b)有时认为　　　　　(c)不认为

73. 你有没有不喜欢某个老师而讨厌他所上的课?

　　(a)时常有　　　　　(b)偶尔有　　　　　　(c)不是

74. 上课时,你有时被老师说了什么,就不安心吗?

　　(a)经常有　　　　　(b)有时有　　　　　　(c)不是

75. 在教室里你坐的位置不好,你想换吗?

　　(a)想　　　　　　　(b)有点想　　　　　　(c)不想

76. 你是否不喜欢现在的学校,有可能的话,你想转入其他的学校吗?

　　(a)常常是　　　　　(b)有时是　　　　　　(c)不是

77. 你是否不喜欢现在的班级,有可能的话,你想转入其他班级吗?

　　(a)常常是　　　　　　(b)有时是　　　　　　(c)不是

78. 由于教室里吵吵闹闹,你就不能专心学习吗?

　　(a)经常是　　　　　　(b)有时是　　　　　　(c)不是

79. 你是否认为只要自己好好学习,在哪所学校都一样?

　　(a)总是这样认为　　(b)有时这样认为　　(c)不这样认为

80. 你认为班级里学习气氛较差吗?

　　(a)总是这样认为　　(b)有时这样认为　　(c)不这样认为

81. 你的朋友和你谈心里话吗?

　　(a)经常谈　　　　　　(b)有时谈　　　　　　(c)不谈

82. 你和朋友争论和争吵吗?

　　(a)常常是　　　　　　(b)偶尔是　　　　　　(c)不是

83. 你认为自己被朋友抛弃吗?

　　(a)常常认为　　　　　(b)偶尔认为　　　　　(c)不认为

84. 你想对朋友讲信用吗?

　　(a)常常想　　　　　　(b)偶尔想　　　　　　(c)不想

85. 假日,你的同学和你一起做作业和玩吗?

　　(a)没有　　　　　　　(b)有时有　　　　　　(c)经常有

86. 看到朋友成绩好学习进步(你是否也想努力学习,像他那样吗?

　　(a)经常想　　　　　　(b)有时想　　　　　　(c)不想

87. 同学在学习上有不懂的地方,你是否把所有知道的知识都教给他们?

　　(a)总是教给他们　　(b)多半教给他们　　(c)不教给他们

88. 在教室里,不合意的同学坐在你旁边,你是否能安心学习?

　　(a)不安心　　　　　　(b)有时不安心　　　　(c)能安心

89. 你是否想到异性朋友的事情就妨碍学习?

　　(a)妨碍　　　　　　　(b)有些妨碍　　　　　(c)一点不妨碍

90. 在学习中,你和同学互相鼓励和竞争吗?

　　(a)经常这样　　　　　(b)有时这样　　　　　(c)不远样

91. 没有别人督促,你能自己整理学习用品和衣服吗?

　　(a)完全能整理　　　　(b)有时能整理　　　　(c)不能整理

92. 早晨起床和晚上上床睡觉,你是否给父母带来麻烦?

(a)经常是　　　　　　(b)有时是　　　　　　(c)不是

93.上学时,为了不把东西遗忘在家,你预先检查吗?

　　(a)总是检查　　　　(b)有时检查　　　　　(c)常常不检查

94.即使没人看见,你也遵守纪律吗?

　　(a)基本上遵守　　　(b)有时遵守　　　　　(c)几乎不遵守不这样

95.在决定某件事时,你是否反复考虑后再做决定?

　　(a)总是这样　　　　(b)有时这样　　　　　(c)不这样

96.买参考书时,别人说好你就买吗?

　　(a)马上买　　　　　(b)有时买　　　　　　(c)调查后再买

97.你自己做错了事,是否努力不再重犯?

　　(a)总是　　　　　　(b)有时是　　　　　　(c)不是

98.朋友的意见和自己的想法不一致时,你是否会默默地听从他的意见?

　　(a)总是听从　　　　(b)有时听从　　　　　(c)不听从

99.你是否不顾别人的指责,不断地去做你认为对的事?

　　(a)常常是　　　　　(b)有时是　　　　　　(c)不是

100.你是否即使好朋友劝说,也不做不喜欢的事?

　　(a)总是　　　　　　(b)有时是　　　　　　(c)不是

101.生活中或学习上一旦决定了做什么,你能坚持到底吗?

　　(a)能坚持到底

　　(b)只能坚持一周左右

　　(c)坚持两、三天就停止

102.当你开始做一件事时。即使有些辛苦,你也能坚持做完吗?

　　(a)坚持做完　　　　(b)有时半途而废　　　(c)大半是半途而废

103.做听写、计算这样单调的学习,你是否会立即感到厌烦?

　　(a)不厌烦　　　　　(b)有时厌烦　　　　　(c)常常厌烦

104.丢了东西又怎么也找不到时,你是否不厌其烦地坚持找下去?

　　(a)总是坚持找下去　(b)有时半途而废　　　(c)大多半途而废

105.遇到困难的问题,你是否耐心而努力坚持到底?

　　(a)总是　　　　　　(b)有时不是　　　　　(c)不是

106.你是否一件工作开始后,立即就会被其他事情吸引了注意力?

　　(a)不是

(b) 有时被其他事吸引

(c) 经常被其他事吸引

107. 比赛中即使输定了，你也信心十足坚持到底吗？

　　(a) 一定坚持到底　　(b) 有时中途放弃　　(c) 中途放弃

108. 在共同的活动中，如果不顺利时，你是否会马上发牢骚不参加活动？

　　(a) 决不这样　　　　(b) 有时这样　　　　(c) 常常这样

109. 你能否锲而不舍地把一项工作耐心地坚持下去？

　　(a) 能够　　　　　　(b) 有时不能　　　　(c) 基本上不能

110. 不管做什么事，你能否在结束时把东西都整理好？

　　(a) 总是整理好　　　(b) 有时整理好　　　(c) 不能整理好

111. 你是否考虑今后的事情，就感到担心？

　　(a) 总是担心　　　　(b) 有时担心　　　　(c) 不担心

112. 你在讲或做某种有趣的事情时，能让他人发笑吗？

　　(a) 总是让人发笑　　(b) 常常让人发笑　　(c) 偶尔人发笑

113. 你是否认为自己不论做什么，都是徒劳无用的？

　　(a) 常常认为　　　　(b) 有时认为　　　　(c) 不认为

114. 你认为每天的生活无聊吗？

　　(a) 常常认为　　　　(b) 有时认为　　　　(c) 不认为

115. 你脸部或眼睑等处的肌肉会微微颤动吗？

　　(a) 经常颤动　　　　(b) 有时颤动　　　　(c) 不颤动

116. 你有咬指甲，或者摇动膝盖的习惯吗？

　　(a) 常常有　　　　　(b) 有时有　　　　　(c) 不是

117. 你是否有时感到恶心想呕吐？

　　(a) 不觉得　　　　　(b) 有时觉得　　　　(c) 经常觉得

118. 你稍有一点学习过度就会身体不好吗？

　　(a) 经常有　　　　　(b) 有时有　　　　　(c) 没有

119. 运动之后你是否累得不能学习？

　　(a) 经常是　　　　　(b) 有时是　　　　　(c) 不是

120. 你是否因病不上学？

　　(a) 经常是　　　　　(b) 有时是　　　　　(c) 不是

121. 别人不督促你，你也主动学习吗？

（a）总是主动学习　　（b）常常主动学习　　（c）不主动学习

122. 你在家里高兴时才学习吗？

　　（a）按规定时问学习

　　（b）有时按规定时间学习

　　（c）高兴时才学习

123. 你在家里有固定的学习地方吗？

　　（a）有固定的学习地方

　　（b）基本上固定

　　（c）没有固定的地方

124. 你认为你在教室里的位置好吗？

　　（a）很好　　　　　　（b）较好　　　　　　（c）不好

125. 你认为每天的生活快乐吗？

　　（a）快乐　　　　　　（b）有时快乐　　　　（c）不快乐

126. 当你认为"考试成绩好"时，是怎么想的？（只选一个答案）

　　（a）自己聪明　　　　（b）自己用功

　　（c）考题简单　　　　（d）运气好

127. 当你认为"考试成绩不好"时，是怎么想的？（只选一个答案）

　　（a）自己笨　　　　　（b）自己不用功

　　（c）考试题目难　　　（d）运气不

128. 考试时，你一看题目就马上开始答卷吗？

　　（a）是　　　　　　　（b）不是

129. 你是一边分析题意，一边做吗？

　　（a）是　　　　　　　（b）不是

130. 在接连不断地解题时，你是否精神涣散，注意力不集中？

　　（a）是　　　　　　　（b）不是

131. 你是否因为自己怕羞而认为自己不好？

　　（a）是　　　　　　　（b）不是

132. 你是否从事情的结果上来判断事情的好坏？

　　（a）是　　　　　　　（b）不是

133. 你是否不注意生活细节，举止随便？

　　（a）是　　　　　　　（b）不是

134. 你是否先根据问题对还是不对,然后再解决问题?

  (a)是　　　　　　　　(b)不是

135. 你是否把失败总放在心上?

  (a)是　　　　　　　　(b)不是

136. 你觉得出声读书比不出声读书更容易记住吗?

  (a)是　　　　　　　　(b)不是

137. 一听收音机或录音带,在你眼前就会浮现出形象的场面吗?

  (a)是　　　　　　　　(b)不是

138. 学习时,你一看图解和表格,就能很容易地记住吗?

  (a)是　　　　　　　　(b)不是

139. 你是否认为看课本和参考书比听人讲解更容易理解?

  (a)是　　　　　　　　(b)不是

140. 你看过课本上的插图或图表之后,它们会清楚地浮现在你眼前吗?

  (a)是　　　　　　　　(b)不是

141. 你对你的英语听力很得意吗?

  (a)是　　　　　　　　(b)不是

142. 你在记歌词时是否听唱片或磁带比看文字更易于记住?

  (a)是　　　　　　　　(b)不是

143. 在家里,平时(假日除外)你每天大约学几小时?

  (a)1小时以下　　　(b)1~2小时

  (c)2~3小时　　　　(d)3小时以上

144. 你平时的睡眠时间(睡着的时间)大约是多少?

  (a)6小时以下　　　(b)6~7小时

  (c)7~8小时　　　　(d)8小时以上

145. 你现在担心哪些事情呢?(a~h中选几个都可以)

  (a)家里的事情

  (b)身体和健康的事情

  (c)学习和学校生活的事情

  (d)升学的事情

  (e)前途找工作的事情

  (f)朋友和异性的事情

（g）其他事情

（h）没有特别担心的事情

[☆以下146～150题，请你把a~e同学当作同班同学加以回答]

146. a同学考试时，因为得到的分数比自己预想分数低，所以担心考试成绩。你是怎么想的呢？

（a）必须更加努力学习

（b）考虑周到点，再提出预想

（c）成绩不好，最好不要老放在心上

147. b同学总是认为"现在的成绩实在不能说是拼命学习的结果，必须更加努力"。你是怎么想的呢？

（a）本人也认为必须更加努力

（b）不必考虑，任其自然也不错

（c）有b同学那种想法成绩会好起来的

148. c同学总是为自己烦恼，认为"实际上不能像老师和家长期望的那样去学习，因为这是做不到的，但是总得要学习呀"！你是怎么想的呢？

（a）本人也那样想自己的事情

（b）确有那样的学生吧

（c）不管别人怎么看，自己想怎样学就怎样学吧

149. d同学因为非常喜欢理科，不太喜欢语文和社会学科，因而语文和社会学科成绩低，老师劝导他说："每一门学科都要努力学习。"你是怎么想的呢？

（a）每门学科都要努力学习是没道理的

（b）必须抛开对学科的好恶而努力学习

（c）讨厌的学科不学，喜欢的学科多学，本人认为还是这样好

150. e同学的作文的内容是"目标始终放在高处，而且必须为之而努力，但是这种天真的想法是行不通的"。你是怎么想的？

（a）本人也是那样想的

（b）那样想的人也有吧

（c）这种想法过于严重了

参考文献

[1] Inchley, J., J. Kirby, and C. Currie. Longitudinal Changes in Physical Self-Perceptions and Associations With Physical Activity During Adolescence [J]. Pediatric Exercise Science, 2011, 23(2):237-249.

[2] Kessler, R. C., et al. Twelve-month and lifetime prevalence and lifetime morbid risk of anxiety and mood disorders in the United States [J]. International Journal of Methods in Psychiatric Research, 2012, 21(3):169-184.

[3] Rasing, S. P. A., et al. Depression and Anxiety Prevention Based on Cognitive Behavioral Therapy for At-Risk Adolescents: A Meta-Analytic Review [J]. Frontiers in Psychology, 2017(8):17.

[4] 刘洋, 张伟波, 蔡军. 初中生焦虑抑郁情绪与生活方式的关系 [J]. 中国心理卫生杂志, 2017, 31(03):235-240.

[5] 罗碧云. 深圳市龙华区中学生焦虑性情绪障碍现况的调查 [J]. 中国医学创新, 2019, 16(17):78-84.

[6] 张媛媛等. 中学生焦虑状况及影响因素分析 [J]. 中国公共卫生, 2018, 34(03):401-423.

[7] 周伟等. 绍兴市初中生焦虑检出率及影响因素 [J]. 现代预防医学, 2016, 43(01):106-110.

[8] 李玖玲等. 中国儿童青少年抑郁症状流行率的 Meta 分析 [J]. 中国儿童保健杂志, 2016, 24:295-298.

[9] Ingul, J. M. and H. M. Nordahl. Anxiety as a risk factor for school absenteeism: what differentiates anxious school attenders from non-attenders? [J]. Annals of General Psychiatry, 2013, 12:9.

[10] Owens, M., et al. Processing efficiency theory in children: Working memory as a mediator between trait anxiety and academic performance [J]. Anxiety Stress and Coping, 2008, 21(4):417-430.

[11] Kouider, E. B. and F. Petermann. Common Risk Factors of Depressive and Anxiety Symptomatics in Childhood and Adolescence: A Systematic Review from Transdiagnostic Perspectives [J]. Fortschritte Der Neurologie Psychiatrie, 2015, 83(6): 321-333.

[12] Ferro, M. A. , et al. Condition-specific associations of symptoms of depression and anxiety in adolescents and young adults with asthma and food allergy [J]. Journal of Asthma, 2016, 53（3）: 282-288.

[13] Piko, B. F. , A. Luszczynska, and K. M. Fitzpatrick. Social inequalities in adolescent depression: The role of parental social support and optimism [J]. International Journal of Social Psychiatry, 2013, 59（5）: 474-481.

[14] Dumont, I. P. and A. L. Olson. Primary Care, Depression, and Anxiety: Exploring Somatic and Emotional Predictors of Mental Health Status in Adolescents [J]. Journal of the American Board of Family Medicine, 2012, 25（3）: 291-299.

[15] 刘洋,张伟波,蔡军. 青少年学生焦虑抑郁情绪特征与研究现状 [J]. 中国医药导报, 2016,（13）: 53-56.

[16] 徐明津等. 中学生人格、心理韧性与焦虑的关系研究 [J]. 广西教育, 2015,（27）: 104-105.

[17] Mitchell, H. -R. , et al. The protective role of perceived social support against cancer caregiver distress: Moderating effects of age [J]. Psycho-Oncology, 2017, 26: 36-37.

[18] 褚晓伟,范翠英. 初中生受欺负的社交焦虑:社会自我效能感的中介作用 [J]. 中国临床心理学杂志, 2016,（6）: 1051-1054.

[19] Leikanger, E. , J. M. Ingul, and B. Larsson. Sex and age-related anxiety in a community sample of Norwegian adolescents [J]. Scandinavian Journal of Psychology, 2012, 53(2): 150-157.

[20] Kendall, P. C. , et al. Clinical characteristics of anxiety disordered youth [J]. Journal of Anxiety Disorders, 2010, 24(3): 360-365.

[21] De Bolle, M. , et al. Relevance of the Tripartite Dimensions of Affect for Anxiety and Depression in Youth: Examining Sex and Psychopathology Status [J]. Journal of Abnormal Child Psychology, 2010, 38(7): 935-948.

[22] Gagne, J. R. , M. M. Miller, and H. H. Goldsmith. Early-but modest-gender differences in focal aspects of childhood temperament [J]. Personality and Individual Differences, 2013, 55(2):95-100.

[23] Fichter, M. M. , et al. Twenty-five-year course and outcome in anxiety and depression in the Upper Bavarian Longitudinal Community Study [J]. Acta Psychiatrica Scandinavica, 2010, 122(1):75-85.

[24] Woodward, L. J. and D. M. Fergusson. Life course outcomes of young people with anxiety disorders in adolescence [J]. Journal of the American Academy of Child and Adolescent Psychiatry, 2001, 40(9):1086-1093.

[25] Guberman, C. and K. Manassis. Symptomatology and family functioning in children and adolescents with comorbid anxiety and depression [J]. Journal of the Canadian Academy of Child and Adolescent Psychiatry =Journal de l'Academie canadienne de psychiatrie de l' enfant et de l' adolescent, 2011, 20(3):186-95.

[26] Chen, X. , et al. Depression, anxiety and associated factors among Chinese adolescents during the COVID-19 outbreak:a comparison of two cross-sectional studies [J]. Translational Psychiatry, 2021, 11(1):148.

[27] Bronfenbrenner, U. and S. J. Ceci. Nature-Nurture Reconceptualized In Developmental Perspective-a Bioecological Model [J]. Psychological Review, 1994, 101(4):568-586.

[28] Franic, S. , et al. Childhood and Adolescent Anxiety and Depression: Beyond Heritability [J]. Journal of the American Academy of Child and Adolescent Psychiatry, 2010, 49(8):820-829.

[29] Rohner, R. P. , A. Khaleque, and D. E. Cournoyer. Parental Acceptance-Rejection:Theory, Methods, Cross-Cultural Evidence, and Implications [J]. Ethos, 2005, 33(3):171-175.

[30] Beesdo, K. , et al. Incidence and Risk Patterns of Anxiety and Depressive Disorders and Categorization of Generalized Anxiety Disorder [J]. Archives of General Psychiatry, 2010, 67(1): 47-57.

[31] 尹小琳. 初中生师生关系与应对方式及其相互关系研究 [J]. 中国学校卫生, 2006, 27(12):1081-1083.

[32] 何少云．从新型冠状病毒分析突发压力应激事件对大学生的影响及教育启示 [J]．工程技术研究，2020，5（10）：244-245+248.

[33] 焦文燕等．COVID-19 疫情期儿童青少年常见心理问题的预防及处理 [J]．中国妇幼健康研究，2020，31（02）：192-196.

[34] 高丽燕．新冠肺炎疫情期间浙江省居民焦虑抑郁现状及影响因素 [J]．上海护理，2020，20（9）：28-31.

[35] 王英雯．新冠肺炎疫情期间人群心理焦虑抑郁水平与差异分析及与 SARS 等疫情特点对比 [J]．生命科学研究，2020，24（3）：180-186.

[36] Liu, R., et al. The proportion and associated factors of anxiety in Chinese adolescents with depression during the COVID-19 outbreak [J]. Journal of Affective Disorders, 2021, 284: 114-119.

[37] 张婍，王淑娟，祝卓宏．接纳与承诺疗法的心理病理模型和治疗模式 [J]．中国心理卫生杂志，2012，26（05）：377-381.

[38] 王敬，何厚健，胡茂荣．接纳与承诺疗法的功能性语境主义解读 [J]．医学与哲学（A），2016，37（08）：43-45.

[39] Laurent, J., et al. A measure of positive and negative affect for children: Scale development and preliminary validation [J]. Psychological Assessment, 1999, 11（3）：326-338.

[40] 魏欢．儿童版积极 - 消极情感量表在中学生群体中的信效度检验 [J]．中国临床心理学杂志，2017，25（01）：105-110.

[41] Birleson, P. THE VALIDITY OF DEPRESSIVE DISORDER IN CHILDHOOD AND THE DEVELOPMENT OF A SELF-RATING SCALE-A RESEARCH REPORT [J]. Journal of Child Psychology and Psychiatry and Allied Disciplines, 1981, 22（1）：73-88.

[42] 苏林雁．儿童抑郁障碍自评量表的中国城市常模 [J]．中国心理卫生杂志，2003（08）：547-549.

[43] Birmaher, B., et al., The screen for child anxiety related emotional disorders（SCARED）：Scale construction and psychometric characteristics [J]. Journal of the American Academy of Child and Adolescent Psychiatry, 1997, 36（4）：545-553.

[44] 甄龙，等，儿童焦虑障碍自评量表的河南农村常模和信、效度检验 [J]．精

神医学杂志，2013，26（01）：43-45.

[45] 马笑风. 上海市金山区初中生抑郁流行情况及影响因素调查［J］. 职业与健康，2020，36（13）：1831-1836.

[46] Angold，A.，E. J. Costello, and A. Erkanli. Comorbidity［J］. Journal of Child Psychology and Psychiatry，1999，40（1）：57-87.

[47] Avenevoli，S.，et al. Comorbidity of depression in children and adolescents：Models and evidence from a prospective high-risk family study［J］. Biological Psychiatry，2001，49（12）：1071-1081.

[48] Yorbik，O.，et al. Clinical characteristics of depressive symptoms in children and adolescents with major depressive disorder［J］. Journal of Clinical Psychiatry，2004，65（12）：1654-1659.

[49] Axelson，D. A. and B. Birmaher. Relation between anxiety and depressive disorders in childhood and adolescence［J］. Depression and Anxiety，2001，14（2）：67-78.

[50] Costello，E. J.，et al. Prevalence and development of psychiatric disorders in childhood and adolescence［J］. Archives of General Psychiatry，2003，60（8）：837-844.

[51] Cummings，C. M.，N. E. Caporino, and P. C. Kendall. Comorbidity of Anxiety and Depression in Children and Adolescents：20 Years After［J］. Psychological Bulletin，2014，140（3）：816-845.

[52] Hofmann，S. G.，et al. The worried mind：Autonomic and prefrontal activation during worrying［J］. Emotion，2005，5（4）：464-475.

[53] 余清香，新冠肺炎疫情期中学生心理健康状况调查分析［J］. 江苏教育，2020，0（32）：44-47.

[54] Pine，D. S.，et al.，Adolescent life events as predictors of adult depression［J］. Journal of Affective Disorders，2002，68（1）：49-57.

[55] Espejo，E. P.，et al.，Stress sensitization and adolescent depressive severity as a function of childhood adversity：A link to anxiety disorders［J］. Journal of Abnormal Child Psychology，2007，35（2）：287-299.

[56] 肖蓉，佛山市初中生抑郁状况及其危险因素分析［J］. 广东医学，2019，40（10）：1492-1496.

[57] 唐蕾. 新冠肺炎疫情时期中学生心理健康状况及影响因素调查分析 [J].
中小学心理健康教育, 2020 (10): 57-61.

[58] 梁剑玲. 疫情背景下区域心理健康在线教育生态圈的建立—以中山市中
小学疫情心理防护实践为例 [J]. 中小学心理健康教育, 2021 (5): 62-68.

[59] 刘巧. 新型冠状病毒肺炎疫情期卫生中等职业学校升学高考学生心理健
康现状调查 [J]. 中国健康教育, 2020, 36 (08): 701-703.

[60] 杨华中. 疫情下西部农村地区中小学生心理健康状况分析—以新疆某九
年一贯制中学为例 [J]. 晋城职业技术学院学报, 2020, 13 (06): 67-69.

[61] 刘桂英, 尤美娜, 陆含云. 新型冠状病毒肺炎疫情对广西地区高三学生心
理健康的影响 [J]. 广西医科大学学报, 2020, 37 (09): 1731-1734.

[62] 代小蓉, 刘天赆, 刘逸文. 新型冠状病毒肺炎疫情期间成都市高中学生心
理状况及影响因素分析 [J]. 现代预防医学, 2020, 47 (21): 3911-3914.

[63] Garnefski, N., et al. Cognitive coping strategies and symptoms of depression
and anxiety: a comparison between adolescents and adults [J]. Journal of
Adolescence, 2002, 25 (6): 603-611.

[64] 刘广增, 张大均. 8～12 岁儿童孤独感及其与父母情感温暖、问题行为的
关系 [J]. 中国临床心理学杂志, 2018 (3): 586-589+594.

[65] Manzeske, D. P. and A. D. Stright. Parenting Styles and Emotion Regulation:
The Role of Behavioral and Psychological Control During Young Adulthood
[J]. Journal of Adult Development, 2009, 16 (4): 223-229.

[66] Feiss, R., et al. A Systematic Review and Meta-Analysis of School-Based
Stress, Anxiety, and Depression Prevention Programs for Adolescents [J].
Journal of Youth and Adolescence, 2019. 48 (9): 1668-1685.

[67] Werner-Seidler, A., et al. School-based depression and anxiety prevention
programs for young people: A systematic review and meta-analysis [J].
Clinical Psychology Review, 2017, 51: 30-47.

[68] Crawley, S. A., et al. Treating Socially Phobic Youth with CBT: Differential
Outcomes and Treatment Considerations [J]. Behavioural and Cognitive
Psychotherapy, 2008, 36 (4): 379-389.

[69] Rachman, S., J. Gruter-Andrew, and R. Shafran. Post-event processing in
social anxiety [J]. Behaviour Research and Therapy, 2000, 38 (6): 611-617.

[70] Shafir, R. , et al. Neural processing of emotional-intensity predicts emotion regulation choice [J]. Social Cognitive and Affective Neuroscience, 2016, 11(12):1863-1871.

[71] 龙红,金美慧,祝卓宏. 接纳承诺疗法与传统认知行为疗法的比较分析 [C]. 第二十届全国心理学学术会议—心理学与国民心理健康. 中国重庆. 2017:1511-1513.

[72] McLean, C. and V. M. Follette. Acceptance and commitment therapy as a nonpathologizing intervention approach for survivors of trauma [J]. Journal of Trauma & Dissociation, 2016, 17(2):138-150.

[73] Bond, F. W. , S. C. Hayes, and D. Barnes-Holmes. Psychological flexibility, ACT, and organizational behavior [J]. Journal of Organizational Behavior Management, 2006, 26(1-2):25-54.

[74] Hayes, S. C. , J. Pistorello, and M. E. Levin. Acceptance and Commitment Therapy as a Unified Model of Behavior Change [J]. Counseling Psychologist, 201, 40 (7):976-1002.

[75] Rolffs, J. L. , R. D. Rogge, and K. G. Wilson. Disentangling Components of Flexibility via the Hexaflex Model: Development and Validation of the Multidimensional Psychological Flexibility Inventory(MPFI) [J]. Assessment, 2018, 25(4):458-482.

[76] Creswell, J. D. Mindfulness Interventions [J]. Annual Review of Psychology, 2017, 68 (1):491-516.

[77] Garland, E. L. , et al. Mindfulness Broadens Awareness and Builds Eudaimonic Meaning: A Process Model of Mindful Positive Emotion Regulation [J]. Psychological Inquiry, 2015, 26(4):293-314.

[78] Felver, J. C. , et al. The Effects of Mindfulness-Based Intervention on Children's Attention Regulation [J]. Journal of Attention Disorders, 2017, 21(10):872-881.

[79] Kross, E. , et al. The Effect of Self-Distancing on Adaptive Versus Maladaptive Self-Reflection in Children [J]. Emotion, 2011, 11(5):1032-1039.

[80] Dunning, D. L. , et al. Research Review: The effects of mindfulness-based

interventions on cognition and mental health in children and adolescents-a meta-analysis of randomized controlled trials [J]. Journal of Child Psychology and Psychiatry, 2019, 60(3): 244-258.

[81] Zenner, C., S. Herrnleben-Kurz, and H. Walach, Mindfulness-based interventions in schools-a systematic review and meta-analysis [J]. Front Psychol, 2014, 5: 603.

[82] Walsh, E., T. Eisenlohr-Moul, and R. Baer. Brief Mindfulness Training Reduces Salivary IL-6 and TNF-alpha in Young Women With Depressive Symptomatology [J]. Journal of Consulting and Clinical Psychology, 2016, 84(10): 887-897.

[83] Rosenkranz, M. A., et al. Reduced stress and inflammatory responsiveness in experienced meditators compared to a matched healthy control group [J]. Psychoneuroendocrinology, 2016, 68: 117-125.

[84] McCracken, L. M., E. Barker, and J. Chilcot. Decentering, rumination, cognitive defusion, and psychological flexibility in people with chronic pain [J]. Journal of Behavioral Medicine, 2014, 37(6): 1215-1225.

[85] Taylor, V. A., et al. Impact of meditation training on the default mode network during a restful state [J]. Social Cognitive and Affective Neuroscience, 2013, 8(1): 4-14.

[86] Hoge, E. A., et al. Change in Decentering Mediates Improvement in Anxiety in Mindfulness-Based Stress Reduction for Generalized Anxiety Disorder [J]. Cognitive Therapy and Research, 2015, 39(2): 228-235.

[87] Battista, J. and R. Almond. DEVELOPMENT OF MEANING IN LIFE [J]. Psychiatry-Interpersonal and Biological Processes, 1973, 36(4): 409-427.

[88] King, L. A., et al. Positive affect and the experience of meaning in life [J]. Journal of Personality and Social Psychology, 2006, 90(1): 179-196.

[89] Scollon, C. N. and L. A. King. Is the good life the easy life? [J] Social Indicators Research, 2004, 68(2): 127-162.

[90] Zika, S. and K. Chamberlain. On the relation between meaning in life and psychological well-being [J]. British journal of psychology (London, England:

1953）, 1992, 83（Pt 1）:133-45.

[91] Karlin, B. E. , et al. Effectiveness of acceptance and commitment therapy for depression: Comparison among older and younger veterans [J]. Aging & Mental Health, 2013, 17（5）:555-563.

[92] Hasheminasab, M. , et al. Acceptance and Commitment Therapy（ACT）For Generalized Anxiety Disorder [J]. Iranian Journal of Public Health, 2015, 44（5）:718-719.

[93] Swain, J. , et al. Acceptance and Commitment Therapy for children: A systematic review of intervention studies [J]. Journal of Contextual Behavioral Science, 2015, 4（2）:73-85.

[94] Hayes, L. , C. P. Boyd, and J. Sewell. Acceptance and Commitment Therapy for the Treatment of Adolescent Depression: A Pilot Study in a Psychiatric Outpatient Setting [J]. Mindfulness, 2011, 2（2）:86-94.

[95] Livheim, F. , et al. The Effectiveness of Acceptance and Commitment Therapy for Adolescent Mental Health: Swedish and Australian Pilot Outcomes [J]. Journal of Child and Family Studies, 2015, 24（4）:1016-1030.

[96] Woidneck, M. R. , K. L. Morrison, and M. P. Twohig. Acceptance and Commitment Therapy for the Treatment of Posttraumatic Stress Among Adolescents [J]. Behavior modification, 2013, 38（4）:451-476.

[97] Wicksell, R. K. , et al. Evaluating the effcctiveness of exposure and acceptance strategies to improve functioning and quality of life in longstanding pediatric pain-A randomized controlled trial [J]. Pain（Amsterdam）, 2009, 141（3）: 248-257.

[98] Burckhardt, R. , et al. A randomized controlled trial of strong minds: A school-based mental health program combining acceptance and commitment therapy and positive psychology [J]. Journal of School Psychology, 2016, 57: 41-52.

[99] 陈盈, 胡茂隆, 等. 接纳承诺疗法对高中生心理健康水平的影响研究 [J]. 中国学校卫生, 2010（4）:550-554.

[100] 杨玲, 文鹏, 刘文鑫. 新冠肺炎疫情下如何尽早识别学生群体的应激反应 [J]. 教育家, 2020（08）:29-31.

[101] 董慧茜，杨放如，郝伟. 2019 冠状病毒病疫情期间湖南省学龄儿童及青少年网络成瘾现状及相关风险因素的研究 [J]. 中国药物依赖性杂志，2020, 29（05）：357-363.

[102] 代亚丽，姜元方. 应用 Delphi 法对成人护理专升本课程设置的研究 [J]. 护理学报，2012, 19（17）.

[103] 倪正藩. 个别化教学的真谛及其教学系统 [J]. 江西教育科研，1993（1）：51-52.

[104] 胡兴宏. 学业不良原因的教学论分析 [J]. 上海教育科研，1992（5）：1-4.

[105] 徐浙宁，郑妙晨. 国内学习适应性研究综述 [J]. 上海教育科研，2000（5）：51-53.

[106] 王鉴，毛建梅. 有效合作学习的教学策略研究 [J]. 基础教育，2010（7）：28-32.

[107] 苏军. 上师大二附中探索"分层教学"获得成功 [N]. 文汇报，1995：9-15.

[108] 邓志伟. 当代个别化教学的实质 [J]. 现代教育论丛，1995（1）：7-9.

[109] 林崇德. 发展心理学 [M]. 北京：人民教育出版社，1995：46-50.

[110] 虞慕镛. "分层递进教学"探索 [J]. 教材教学研究，1994（9）：16-20.

[111] 蔡宝培，丁骥良. "分层教学，分类指导"实验 [J]. 教育科学研究，1993（5）：14-16.

[112] 罗茜，徐子煜. 分层递进教学效果的实证研究 [J]. 上海教育科研，1993（2）：26-29.

[113] 教育科学研究所《初中学习困难学生教育的研究》课题组. 学习困难学生教育的理论与实践 [M]. 上海：上海市科技教育出版社，1995.

[114] 黄志成、程晋宽. 美国个别化教学新模式—邓恩对学生学习风格的研究及其教学设计 [J]. 全球教育展望，1993（3）：1-9.

[115] 史耀芳. 从个别化教学到后个别化教学—国外群体化教学中的社会交往技能教学简介 [J]. 外国中小学教育，1994（5）：30-32.

[116] 周忠诚，王昶铨. 分流教学制初探 [J]. 教育改革. 1995（3）：43-45.

[117] 盛群力. 小组互助合作学习革新评述（上）[J]. 全球教育展望，1992（2）：1-7.

[118] 彭豪. 从班级授课制到面向每一个人的教育—简介ＥＳＦＡ教学法 [J].
广西高教研究,1995(3):80-82.

[119] 孙祖复. 分组教学模式种种 [J]. 外国教育资料,1992(1):1-6.

[120] 邓志伟. 策略教学:一种新型个别化教学 [J]. 比较教育研究,1995(6):
38-41.

[121] 丁笑炯. 近年来我个别化教学研究述要 [J]. 上海教育科研,1997(4):
12-17.

[122] 胡兴宏. 学生不良问题课堂教学对策的思考 [J]. 华东师范大学学报·教
育科学版,1993(2):71-80.